Richtig e.

Pupil'

In the same series:

FOR C.S.E.

FAITES VOTRE CHOIX
by D. M. Hancock, D. J. O'Leary
and D. A. Smith

FOR 'O' LEVEL

CHOISISSONS BIEN!
by J. D. Mackereth and L. M. Derham

¡VAMOS A ESCOGER!
by J. D. Mackereth

DAVAITE VYBIRAT'!
by M. J. Copp

FOR 'A' LEVEL

FRANCE-CHOIX
by J. D. Mackereth and L. M. Derham

Richtig entscheiden!

A selection of German multiple choice tests

by

E. SCHULTE, Diplom-Handelslehrerin (Hamburg)

Assistant Mistress for German at Our Lady's High School, Lancaster

and

L. M. DERHAM, B.A. (London)

Formerly Visiting Tutor, S. Martin's College of Education, Lancaster, and Senior Modern Language Mistress The Friends' School, Lancaster

Pupil's Book

HARRAP LONDON

First published in Great Britain 1972
by George G. Harrap & Co. Ltd
182-184 High Holborn, London WC1V 7AX

Reprinted 1973
Reprinted with corrections 1975
Reprinted 1976; 1977; 1978

ISBN 0 245 50877 5

PRINTED IN GREAT BRITAIN BY OFFSET LITHOGRAPHY BY
BILLING AND SONS LTD, GUILDFORD AND LONDON

Important

PUBLISHER'S NOTE

This book should only be used in conjunction with the Teacher's Book, which contains the texts of the recorded listening tests and the correct answers to all the tests, and with the tape containing the spoken listening material and the questions on the latter.

In this book the symbol ☮ has been used in the listening tests to show where material will be heard and not read. It can also serve as a reminder to the teacher to switch on the tape recorder!

ACKNOWLEDGMENTS

For her generous help and advice during the composition of this book we should like to thank Frau Grete Beutel.

We are grateful to Winklers Verlag for permission to reproduce copyright material from Arens-Straube, *Die Sprach- und Rechtschreibschule.*

The texts in question are:

Helmut Sommer (p. 30);
Hugo spielt Toto (p. 88);
Die beste Empfehlung (p. 100);
Der Streit (Listening Test no. 2);
Das ruhige Haus (Listening Test no. 2);
Harmloser Spaß (Listening Test no. 5).

Advice to the Pupil

In each of the following listening and reading tests you are provided with four suggested answers for each question. You must choose the most suitable answer in each case and show which answer you have chosen by writing down the corresponding letter A, B, C or D. In the examination you will have an answer sheet with the numbers of the questions and the letters already printed on it and you will probably have to underline or strike through, in pencil, the letter you choose. Your teacher will tell you which method to use. If you change your mind, rub out your pencil mark and make another to show which letter you now choose.

For example, in the Reading Test you might find a situation like this:

Einige Jungen haben beim Fußballspielen das Fenster eines Nachbarn zerbrochen. Er sagt böse zu ihnen:

A. Das habt ihr gut gemacht!
B. Darf ich mit euch spielen?
C. Ihr müßt mir ein neues kaufen!
D. Oh, es war schon kaputt.

The answer C is obviously the correct answer, so you would write or mark C on your answer sheet.

Don't be too hasty. Look carefully at all the four alternatives. Even if A, for example, *looks* possible, D might well be the most suitable answer.

Don't worry if you don't understand every word; there may not be a question on the more difficult sentences.

In the reading tests *do* read very carefully the whole passage at least once before you answer the questions. In each case, select the answer or completion which is best *according to the text*.

In the G.C.E. examination you have about fifteen seconds for most of the listening questions. In the reading tests you must plan your own time; work briskly but calmly.

HÖREN UND VERSTEHEN

Leichter Test A

ERSTER TEIL

In diesem Teil hören Sie eine kurze Bemerkung oder ein kurzes Gespräch. Beide werden nur einmal gesprochen. Nach jeder Bemerkung und nach jedem Gespräch müssen Sie zuerst entscheiden, wer spricht. Sie haben vier Antworten, von denen nur eine richtig ist. Suchen Sie diese Antwort heraus und schreiben Sie sie auf das Blatt Papier für Ihre Antworten. Sie hören zum Beispiel:

„Hier dürfen Sie nicht parken!"

„Oh, ich will den Wagen nur einen Moment hier stehen lassen, um schnell in die Bank zu gehen."

Wer spricht? Sie haben vier Antworten zur Auswahl.

A. Ein Polizist und eine Fußgängerin.
B. Ein Polizist und eine Autofahrerin.
C. Ein Bankdirektor und eine Kundin.
D. Ein Parkwärter und eine Dame, die spazierengeht.

Die Antwort B ist offenbar die richtige Antwort.

Sind Sie bereit? Jetzt beginnen wir mit dem Test!

1. A. Ein Patient und eine Krankenschwester.
   B. Ein Gast und eine Kellnerin.
   C. Ein Kunde und eine Verkäuferin in einer Bäckerei.
   D. Eine Mehlverkäuferin und ein Bäcker.

2. A. Eine Kundin zu einem Geldwechsler in einer Bank.
   B. Eine Reisende zu einem Fahrkartenverkäufer.
   C. Eine Kundin, die Postkarten kauft.
   D. Eine Reisende in der Post.

3. A. Ein Verkäufer in einem Geschäft.
   B. Ein Handlungsreisender.
   C. Ein Gepäckträger.
   D. Ein Briefträger.

4. A. Eine Mutter.
   B. Eine Stewardeß in einem Flugzeug.
   C. Eine Autofahrerin.
   D. Eine Reiseleiterin auf einem Schiff.

5. A. Eine Fotographin.
   B. Eine Lehrerin.
   C. Eine Ärztin.
   D. Eine Kindergärtnerin.

6. A. Ein Bäcker.
   B. Ein Gemüsehändler.
   C. Ein Blumenhändler.
   D. Ein Fabrikant.

7. A. Ein Kunde und ein Maler.
   B. Ein Kunde und ein Schneider.
   C. Ein Reisender und ein Schaffner.
   D. Ein Kritiker und ein Dichter.

Sie hören jetzt einige Fragen. Sie müssen zu jeder Frage die Antwort heraussuchen, die am besten paßt.

8. A. Es sind neunzehn da.
   B. Es ist der achte Juli.
   C. Wir sind dreiunddreißig.
   D. Nein, noch nicht.

9. A. Sie ist beim Nachbar.
   B. Sie heißt Frau Müller.
   C. Nein, sie ist nicht meine Mutter.
   D. Sie ist sehr schön.

10. A. Ach, ich habe vergessen, sie mitzubringen.
    B. Ich habe sie gebrochen.
    C. Im Badezimmer.
    D. In Spanien.

11. A. Er ist sehr billig.
    B. Er gehört unserem Freund.
    C. Die Eulen schlafen während des Tages.
    D. Er frißt gern Rindfleisch.

12. A. Ich habe es verloren.
    B. Aber meine Hände sind nicht naß.
    C. Der Tisch ist schon gedeckt.
    D. Die Möbel sind nicht schmutzig.

ZWEITER TEIL

In diesem Teil hören Sie einige Fragen oder Bemerkungen, wieder nur einmal. Sie haben vier Antworten. Suchen Sie nach jedem Satz die Antwort heraus, die am besten paßt. Hier ist die erste Situation:

Andreas hat einen Schreibfreund in Nottingham. Er heißt David. David schreibt an Andreas und fragt nach seiner Schule. Andreas antwortet sofort.

Hier sind die Fragen. Sie müssen die besten Antworten heraussuchen.

13. A. Unsere Schule beginnt erst in vierzehn Tagen.
    B. Um acht Uhr.
    C. Ich kann mit der Schule nichts anfangen.
    D. Der Anfang in der Schule ist immer schwer.

14. A. Am liebsten gehe ich gar nicht in die Schule.
    B. Ich habe elf Fächer in der Schule.
    C. Ich finde, Mathematik ist am besten.
    D. Meine Liebste geht auch in die Schule.

15. A. Vor drei Jahren.
    B. Für drei Jahre.
    C. Seit drei Jahren.
    D. Noch drei Jahre.

16. A. Nachmittags haben wir keine Schule.
    B. Nachmittags gehe ich in die Stadt ins Schwimmbad.
    C. In der Schule sind am Nachmittag Putzfrauen.
    D. Ich lerne immer zu Hause.

17. A. Oh ja, besonders in Chemie.
    B. Ja, ich wasche ab.
    C. Ich schreibe meine Hausaufgaben ab.
    D. Ich bekomme alles, was ich will.

Hier ist die zweite Situation:

Heiners Vater ist Zollbeamter am Frankfurter Flughafen, das heißt, er muß aufpassen, daß niemand etwas schmuggelt. In den Ferien nimmt sein Vater ihn mit zum Flugplatz. Heiner sieht eine Kiste, auf der „New York" steht. Sein Onkel wohnt dort! Heiner versteckt sich in der Kiste. Erst in New York beim Entladen des Flugzeuges findet ihn ein Gepäckträger. Er sagt:

18. A. Mein Vater hat mich hineingesteckt.
    B. Die Kiste ist zu klein für mich.
    C. Ich bin hineingeklettert.
    D. Ich schlafe gern in einer Kiste.

19. A. Ich war so müde.
    B. Ich habe Verstecken gespielt.
    C. Die Kiste stand auf dem Flughafen.
    D. Ich wollte nach Amerika fahren.

20. A. Mir ist nicht heiß.
    B. Mein Name ist Heiner Busche.
    C. Ich bin ein blinder Passagier.
    D. Mein Vater heißt Bernhard.

21. A. Man kauft ihnen eine Fahrkarte.
    B. Man läßt sie aus dem fliegenden Flugzeug steigen.
    C. Man läßt sie in der ersten Klasse fahren.
    D. Man schickt sie nach Hause.

DRITTER TEIL

In diesem dritten und letzten Teil hören Sie eine Geschichte und ein Gespräch. Zu dieser Geschichte und zu diesem Gespräch hören Sie mehrere Fragen. Sie haben wieder vier Antworten. Suchen Sie nach jeder Frage die Antwort heraus, die am besten paßt. Sie werden die Geschichte und das Gespräch zweimal hören.

Sie hören zuerst eine Geschichte: Der leere Balkon.

Hier sind die Fragen zum ersten Mal:

22. A. Älter als Karl.
    B. Jünger als Karl.
    C. Genau so alt wie Karl.
    D. Zwölf Jahre alt.

23. A. Leute, die sich heftig stritten.
    B. Ein Kind, das von dem Balkon fiel.
    C. Einen Mann, der sich töten wollte.
    D. Nichts.

24. A. Sie blieben stehen.
    B. Sie schlichen fort.
    C. Sie stritten miteinander.
    D. Sie hielten jemanden zum Narren.

25. A. Weil der Besitzer des Hochhauses die Polizei angerufen hatte.
    B. Weil die Jungen Geld aus den Taschen der Leute gestohlen hatten.
    C. Weil niemand wegen der Menge Leute auf dem Bürgersteig vorbeigehen konnte.
    D. Weil ein Unfall passiert war.

26. A. Sie waren schon fort.
    B. Sie sahen erschrocken aus.
    C. Sie hatten die Leute auf die Szene aufmerksam gemacht.
    D. Sie waren Zwillinge.

Und zuletzt ein Gespräch zwischen einem Bruder und seiner Schwester.

Hier sind die Fragen zum ersten Mal:

27. A. Weil er selbst gern ißt.
    B. Weil sie zu Hause essen werden.
    C. Weil Liese Geburtstag hat.
    D. Weil er nur Salat essen will.

28. A. Für Fahrzeuge.
    B. Nur für Fahrräder.
    C. Für Johannes.
    D. Für gute Mahlzeiten.

29. A. Weil sie eine Wiege sucht.
    B. Weil sie sich wiegen will.
    C. Weil sie etwas wagen will.
    D. Weil sie hungrig ist.

30. A. Weil sie noch schwerer ist.
    B. Weil Johannes sie verlassen wird.
    C. Weil sie nicht weiß, daß ihr Bruder einen Trick gebraucht.
    D. Weil sie entdeckt, daß sie ihr Ziel erreicht hat.

LESEN UND VERSTEHEN

Leichter Test A

ERSTER TEIL

In jeder der nun folgenden Fragen lesen Sie einen kurzen Bericht über eine Situation. Suchen Sie die Bemerkung heraus, die in der gegebenen Situation am besten paßt, und schreiben Sie Ihre Antwort auf das Blatt Papier für Ihre Antworten. Sie haben vier Antworten, von denen nur eine richtig ist.

Sie lesen zum Beispiel:

Einige Jungen haben beim Fußballspielen das Fenster eines Nachbarn zerbrochen. Er sagt böse zu ihnen:

A. Das habt ihr gut gemacht!
B. Darf ich mit euch spielen?
C. Ihr müßt mir ein neues kaufen!
D. Oh, es war schon kaputt.

Die Antwort C ist offenbar die richtige Antwort.

1. Herr Braun kann seine Pfeife nicht rauchen. Er sagt:
   A. Ach, ich habe keinen Appetit.
   B. Ach, ich habe keinen Tabak.
   C. Ach, ich habe keinen Raum.
   D. Ach, ich habe keine Noten.

2. Die Familie kommt auf dem Bahnhof an und erfährt, daß ihr Zug viel Verspätung hat. Der Vater ruft aus:
   A. Wie schade! Jetzt müssen wir den nächsten nehmen.
   B. Wie schade! Wir hätten längere Zeit zu Hause bleiben können.
   C. Aber ich will während der Fahrt rauchen.
   D. Wir hätten das Haus viel früher verlassen sollen.

3. Der kleine Richard kann nicht einschlafen, weil er kalte Füße hat. Seine Mutter sagt zu ihm:
   A. Im Sommer ist es immer so.
   B. Ich mache dir eine Wärmflasche.
   C. Hier sind ein Paar Schuhe für dich.
   D. Ich schlafe schon.

4. Die Mutter sagt zu ihrem Sohn: „Martin, bitte mähe den Rasen heute.“ Er antwortet:
   A. Heute habe ich so wenig Zeit.
   B. Das geht nicht, meine Schere ist kaputt.
   C. Nein, das Gras ist aber grün.
   D. Nein, ich esse kein Gras.

5. Herr Thomsen findet es morgens so schwer aufzustehen. Er hört nicht den Wecker oder er schläft wieder ein und kommt dann zu spät ins Geschäft. An einem solchen Morgen schüttelt ihn seine Frau und sagt:
   A. Dein Wecker ist kaputt.
   B. Morgen mußt du aufstehen.
   C. Möchtest du eine Schlaftablette?
   D. Die Arbeit wartet auf dich!

6. Eine junge Frau hat in einem Warenhaus ihren fünfjährigen Sohn Klaus verloren. Sie geht zum Informationsbüro und sagt:
   A. Haben Sie noch ein Warenhaus?
   B. Der Nikolaus ist nicht gekommen.
   C. Haben Sie Waren für meinen Sohn?
   D. Haben Sie einen Jungen gefunden?

7. Karl und seine neue Freundin warten am Bahnhof auf Karls Vater. Die Freundin fragt: „Kommt dein Vater wohl bald?“ Karl antwortet:
   A. Ja, er hat keine Eile.
   B. Ja, er hat kein Haar mehr.
   C. Nein, sein Zug kommt erst in zwanzig Minuten an.
   D. Nein, er will dich sobald wie möglich sehen.

8. Ein Lehrer hat auf den falschen Tag in seinem Stundenplan gesehen und geht in das falsche Klassenzimmer. Er beginnt Mathematik zu unterrichten—und die Klasse erwartet eine Englischstunde. Nach drei Minuten sagt ein Schüler:
   A. Ich bin nicht gut in Englisch.
   B. Ich habe mein Mathematikbuch nicht mitgebracht, da ich eine andere Stunde erwartet hatte.
   C. Lesen Sie gern Englisch?
   D. Aber Sie unterrichten nicht Mathematik!

9. Clemens hat sein Haar lang wachsen lassen, weil er das modisch findet. Sein Lehrer ist anderer Meinung und sagt zu ihm:
   A. Du siehst zu unordentlich aus.
   B. Ich finde, deine Haarlänge ist elegant.
   C. Falsche Haare eignen sich nicht für die Schule.
   D. Lange Locken sehen immer hübsch aus.

10. Frau Richter fährt in Urlaub. Der Reiseleiter sagt zu ihr:
   A. Die Urlaubsreise ist vorbei.
   B. Ich hoffe, Sie werden diesmal nicht wieder seekrank.
   C. Entsetzlich gefährlich.
   D. Alles kann ich nicht erlauben.

Die folgenden Bemerkungen sind unvollständig. Sie finden Punkte, wo etwas fehlt. Sie müssen entscheiden, welches Wort oder welcher Ausdruck von den vier Vorschlägen am besten paßt.

Sie lesen zum Beispiel:

Wenn Vater abends müde vom Büro nach Hause kommt, möchte er gern . . .
   A. Ruhe haben.
   B. arbeiten.
   C. tanzen gehen.
   D. Einkäufe machen.

Die Antwort A ist die richtige. Sie würden also A als Antwort schreiben.

11. „Ach, diese Kinder machen so viel Lärm!“
„Ja, davon kriege ich . . .

A. Hunger."
B. Durst."
C. Kopfschmerzen."
D. Geld."

12. „Bitte, können Sie mir sagen, wie spät es ist?" „Gerne. Es ist . . .
A. der neunte."
B. halb neun."
C. neuneinhalb."
D. besser spät als gar nicht."

13. „Das Wasser ist herrlich warm. Kommst du heute auch ins Schwimmbad?"
„Nein, ich will heute . . .
A. nicht schwimmen."
B. nicht waschen."
C. nicht trinken."
D. ertrinken."

14. „Großvater, willst du mit mir radfahren?"
„Ich bedaure, mein Kind, dafür bin ich zu . . .
A. freundlich."
B. ehrlich."
C. alt."
D. jung."

15. „Ach, hier am Meer ist es fabelhaft!"
„Ja, aber . . . kehren wir morgen in die Stadt zurück."
A. deshalb
B. hoffentlich
C. glücklicherweise
D. leider

16. „Also, Herr Doktor, was ist denn mit meinem Sohn los?"
„Er hat Magenschmerzen, weil er . . . gegessen hat."
A. unreife Äpfel
B. reife Birnen
C. Salat
D. ein Stück Zucker

ZWEITER TEIL

Lesen Sie die folgenden Texte sorgfältig. Nach jedem Text finden Sie mehrere Fragen oder unvollständige Bemerkungen. In jedem Fall müssen Sie von den vier Vorschlägen die Antwort oder die Fortsetzung heraussuchen, die am besten zu dem Text paßt.

Lesen Sie den ganzen Text, bevor Sie mit den Antworten beginnen.

A. Ein Brief

Liebe Eltern!

Vor fünf Stunden sind wir hier in Norderney angekommen nach einer etwa einstündigen, stürmischen Fahrt über die Nordsee. Willi und ich hatten vor der Abfahrt Tabletten gegen Seekrankheit genommen und konnten einige Fischer bei der Arbeit, die vielen Möwen und das wilde Spiel der zwei bis drei Meter hohen Wellen beobachten.

Bald nach unserer Ankunft in der Jugendherberge gab es Abendessen: Würstchen mit Gemüsesuppe. Willi und ich aßen beide je vier Teller voll, weil wir doch während der Überfahrt die Möwen mit unseren Butterbroten gefüttert hatten. Anschließend machten wir einen Gang über die Insel. Morgen gehen wir baden, auch wenn es regnet. Jetzt liegen wir in unseren Betten, und ich muß schließen, denn um zehn Uhr geht das Licht aus.

Willi läßt grüßen und wird morgen schreiben.

Euer Hermann

17. Die beiden Jungen
    A. sind seit fünf Stunden auf der Insel.
    B. sind für fünf Stunden auf der Insel.
    C. fuhren fünf Stunden mit dem Schiff.
    D. kamen um ein Uhr auf der Insel an.

18. Sie hatten Tabletten gegen Seekrankheit genommen
    A. und konnten deshalb wild spielen.
    B. und konnten deshalb fischen.
    C. und hatten eine interessante Fahrt.
    D. und fühlten sich krank wegen der Wellen.

19. Das Abendessen
    A. war sehr spät abends.
    B. bestand aus vier Tellern.
    C. bestand aus Butterbroten und Suppe.
    D. schmeckte den Jungen sehr gut.

20. Kurz bevor Hermann am Abend den Brief schrieb,
    A. fütterten die Jungen die Möwen.
    B. regnete es.
    C. sahen sie sich die Insel an.
    D. ging das Licht aus.

B. Frühmorgens

Frau Seibel mußte plötzlich für eine Woche zu ihrer kranken Schwester fahren. Herr Seibel merkte erst jetzt, was sie gewöhnlich für ihn tat, z.B. Frühstück machen, einkaufen, kochen, putzen! Ach, das Leben war so anders ohne sie.

Eines Morgens hatte er einen Schock: Er wachte um viertel vor acht auf und dachte: „Mein Gott, um acht Uhr muß ich wie immer im Büro sein!" Er sprang aus dem Bett, wusch und rasierte sich so schnell er konnte, zog sich an, lief in die Küche und kochte Kaffee. Er trank einen Mundvoll—der Kaffee war kochend heiß und Herr Seibel konnte nicht warten. Er lief zur Bushaltestelle und stieg in den bald kommenden Bus. Plötzlich fiel ihm etwas auf: Er und der Schnaffner waren die einzigen Leute in dem Bus, der sonst voll war! Oh, es war ja Sonntag!

21. Frau Seibel
    A. wollte gern reisen.
    B. fuhr jede Woche zu ihrer Schwester.
    C. sollte sieben Tage bei ihrer Schwester sein.
    D. hatte eine dicke Schwester.

22. Herr Seibel war nicht glücklich,
    A. denn er merkte, daß er immer gearbeitet hatte.
    B. denn er merkte, daß er meistens einkaufte.
    C. denn er merkte, daß das Leben mit seiner Frau schrecklich war.
    D. denn er merkte, daß er alles allein machen mußte.

23. Eines Morgens
    A. erschrak er sehr.
    B. wachte er zu früh auf.
    C. sollte er zur Abwechslung ins Büro gehen.
    D. mußte er um acht Uhr ins Büro fahren.

24. Bevor er aus dem Haus lief,
    A. sprang er vom Bett in die Küche.
    B. beeilte er sich sehr.
    C. hatte er keine Zeit zum Kaffekochen.
    D. trank er eine gute Tasse Kaffee.

25. Der Bus
    A. wartete schon auf ihn an der Haltestelle.
    B. kam lange Zeit nicht.
    C. war voll wie immer.
    D. war ganz leer.

C. Im Flugzeug

Die meisten Passagiere schliefen ruhig im nach New York fliegenden Flugzeug. Man hatte München vor fünf Stunden verlassen und, nachdem ein paar Passagiere in Paris eingestiegen waren, flog man ununterbrochen.

Der dreizehnjährige Georg aber wollte seinen ersten Flug nicht im Schlaf verbringen. Nach seiner Ankunft wollte er seiner amerikanischen Großmutter über jede Minute des Fluges erzählen. Er saß ganz vorn, wo die Stewardeß ihn besser beobachten konnte. Seine Mutter hatte sie am Münchner Flughafen gebeten, auf ihn aufzupassen.

Plötzlich kam ein Mann nach vorn und stand drohend mit einem Revolver in der Hand neben Georg. Zu den erschrockenen Stewardessen sagte er: „Sagen Sie dem Pilot, er soll nach Kuba fahren."

„Ein Luftpirat!" dachte Georg. Er bemerkte, daß der Ärmel eines Mantels vom Netz herabhing. Heimlich zog er an dem Ärmel, so daß der Mantel über den Kopf des Luftpiraten fiel. Blitzschnell nahm man ihm seine Waffe ab, und er wurde verhaftet.

26. Das Flugzeug
    A. hatte seinen Flug in Frankreich unterbrochen.
    B. flog seit fünf Stunden ununterbrochen.
    C. sollte in fünf Stunden von München nach New York fliegen.
    D. flog, während die Passagiere und der Pilot schliefen.

27. Der Junge
    A. schlief wie die meisten Passagiere.
    B. hatte seine Großmutter in München verlassen.
    C. beobachtete die Stewardeß.
    D. flog zum ersten Mal.

28. Georg war wach,
    A. weil er über den ganzen Flug berichten wollte.
    B. weil die meisten Passagiere wach waren.
    C. weil er ganz vorn saß.
    D. weil seine Mutter betete.

29. Der Mann hielt einen Revolver in der Hand,
    A. weil die Stewardessen Angst hatten.
    B. weil er den Pilot erschießen wollte.
    C. weil er anderswohin fliegen wollte.
    D. weil er Kuba nicht mochte.

30. Man konnte dem Mann seine Waffe wegnehmen,
    A. weil er einen Augenblick lang nicht sehen konnte.
    B. weil er Georgs Mantel anzog.
    C. weil er an Georgs Ärmel zog.
    D. weil er verhaftet wurde.

HÖREN UND VERSTEHEN

Leichter Test B

ERSTER TEIL

In diesem Teil hören Sie eine kurze Bemerkung oder ein kurzes Gespräch. Beide werden nur einmal gesprochen. Suchen Sie die Antwort heraus, die am besten paßt.

Zuerst müssen Sie entscheiden, wo die Sprechenden sind.

1. A. Auf dem Bahnhof.
   B. Auf der Straße.
   C. In der Papier- und Schreibwarenhandlung.
   D. In der Zeichenklasse.

2. A. Im Badezimmer.
   B. In einem Schwimmbad, das in einer Halle ist.
   C. Am Strand.
   D. In der Küche.

3. A. Im Krankenhaus.
   B. An der Tankstelle.
   C. In einem Obstgarten.
   D. In einem Gymnasium.

4. A. Im Reisebüro.
   B. Am Fahrkartenschalter.
   C. Auf dem Bürgersteig.
   D. Im Wartesaal.

5. A. Im Zollamt.
   B. In der Papierwarenhandlung.
   C. Auf der Post.
   D. Im Reisebüro.

6. A. In einem Laden.
   B. In einem Büro.
   C. In der Armee.
   D. In einem Restaurant.

Suchen Sie jetzt die Personen oder Gegenstände heraus, von denen man spricht!

7. A. Briefträger.
   B. Hunde.
   C. Glocken.
   D. Besucher.

8. A. Ein Baby.
   B. Ein Handschuh.
   C. Ein Vogel.
   D. Ein Kuchen.

9. A. Man spricht von reichen Leuten.
   B. Man spricht von Februar.
   C. Man spricht von einer Reise.
   D. Man spricht von einem Schaltjahr.

10. A. Eine süße Suppe.
    B. Ein Lebensmittelhändler.
    C. Ein Kuchen.
    D. Ein Koch.

11. A. Man spricht von einem Haus.
    B. Man spricht von einer Ansichtskarte.
    C. Man spricht von einer Köchin.
    D. Man spricht von einem Kochherd.

12. A. Gras.
    B. Ein Teppich.
    C. Ein Sumpf.
    D. Sand.

ZWEITER TEIL

In diesem Teil hören Sie einige Fragen oder Bemerkungen. Suchen Sie nach jedem Satz die Antwort heraus, die am besten paßt. Hier ist die erste Situation:

Die kleine Birgit fährt allein mit dem Zug zu ihrer Oma in die Ferien. Als sie ankommt, fragt die Oma:

13. A. Aber nein, der Zug fährt von ganz alleine.
    B. Bei anderen habe ich immer Angst.
    C. Aber nein, ich habe eine Fahrkarte.
    D. Aber Oma! Ich bin doch schon zehn!

14. A. Danke! Sie sind gesund und lassen Dich grüßen!
    B. Sie machen alles zu Fuß.
    C. Mama geht nie ohne Papa.
    D. Mama und Papa gehen jeden Tag spazieren.

15. A. Im Zug haben viele Leute gegessen.
    B. Zu Hause haben wir alle immer riesigen Hunger.
    C. Ich kann jetzt ganz viel essen.
    D. Man kann nie sicher sein, nicht wahr?

16. A. Morgens habe ich nie Lust.
    B. Geht Helga auch zum Geburtstag?
    C. Och, mein Geburtstag ist schon vorbei.
    D. Natürlich, ich will auch ein Geschenk kaufen.

Zweite Situation:

Herr und Frau Fiedler sind zu einer großen Party eingeladen. Frau Fiedler hat natürlich nichts anzuziehen und spricht jetzt mit ihrem Mann.

17. A. Du brauchst nichts zu tragen.
    B. Aber nicht doch schon wieder!
    C. Deine Jeans sind doch hübsch.
    D. Das habe ich nie gesagt.

18. A. Du solltest weniger essen.
    B. Die Mode war damals schon alt.
    C. Du kommst bestimmt noch hinein.
    D. Kannst du es nicht etwas ändern?

19. A. Ich glaube an viele Leute.
    B. Wenn wir ein neues Kleid kaufen, sind wir es bestimmt.
    C. Wer sagt denn, daß du nichts tragen sollst?
    D. Du mußt deine Hände gut waschen.

20. A. Wieviel Geld brauchst du denn?
    B. Ist das Haus groß genug?
    C. Aber wir müssen schnell gehen.
    D. Das habe ich gestern auch getan.

DRITTER TEIL

In diesem dritten und letzten Teil hören Sie eine Geschichte und ein Gespräch. Zu dieser Geschichte und zu diesem Gespräch hören Sie je fünf Fragen. Suchen Sie nach jeder Frage die Antwort heraus, die am besten paßt. Sie werden die Geschichte und das Gespräch zweimal hören.

Zuerst hören Sie die Geschichte: **Die Müllerin und der Schatz.**

21. A. Weil ihr Mann schlief.
    B. Weil sie eine Stimme hörte.
    C. Weil sie mehr Geld wollte.
    D. Weil sie reicher wurde.

22. A. Weil der Müller es ihr befahl.
    B. Weil sie hoffte, Geld zu finden.
    C. Weil ihr Kind mitkam.
    D. Weil der Müller eine geheimnisvolle Stimme gehört hatte.

23. A. Eine Kiste.
    B. Ein Augenblick.

C. Gras.
D. Viele Goldstücke.

24. A. Weil sie nicht schwieg.
B. Weil die Goldstücke in einer Kiste waren.
C. Weil sie kein Wort sprach.
D. Weil das Kind seiner Mutter in den Turm folgte.

25. A. Den Körper seiner toten Frau.
B. Sein Kind, das nach Hause gelaufen war.
C. Einen Schatz, den er eingraben mußte.
D. Einen Donnerschlag.

Und zuletzt ein Gespräch zwischen Frau Bercht und einem Mann im Büro eines Supermarktes. Frau Bercht trägt eine Einkaufstasche und ein Netz.

26. A. Er hieß Herr Himmel.
B. Er war Polizist.
C. Er war ein Ladendieb.
D. Er war der Detektiv des Supermarktes.

27. A. Sie wollte stehlen.
B. Sie war vergeßlich, weil sie Sorgen wegen ihres kranken Sohnes hatte.
C. Die Nachbarin hatte ihr kein Geld gegeben.
D. Sie hatte schon eine Quittung.

28. A. Vor der Polizei.
B. Vor dem Skandal.
C. Vor dem Gefängnis.
D. Vor einer Geldstrafe.

29. A. Er müßte die Zeitung lesen.
B. Er müßte umziehen.
C. Er müßte sich umziehen.
D. Er müßte seine Stellung behalten.

30. A. Die Polizei kam und verhaftete Frau Bercht.
    B. Der Mann bat um Verzeihung.
    C. Frau Bercht versprach, nicht mehr in den Supermarkt zu gehen.
    D. Der Mann rief die Polizei an.

LESEN UND VERSTEHEN

Leichter Test B

ERSTER TEIL

Die folgenden Bemerkungen sind unvollständig. Sie finden Punkte, wo etwas fehlt. Sie müssen entscheiden, welches Wort oder welcher Ausdruck von den vier Vorschlägen am besten paßt.

1. Wenn man aus dem Bad kommt, braucht man . . .
   A. Wasser.
   B. ein Taschentuch.
   C. Seife.
   D. ein Handtuch.

2. Im Winter sterben viele Vögel, wenn man ihnen . . . gibt.
   A. kein Brot
   B. keine Kleider
   C. keinen Rat
   D. kein Bad

3. Der Einbrecher kam durch das Fenster herein und ging . . . durch das Wohnzimmer.
   A. laut
   B. leise
   C. lachend
   D. schreiend

4. Die kleine Lotte ist traurig, weil ihre Puppe . . .
   A. „Guten Morgen“ sagt.
   B. den Briefträger gebissen hat.
   C. zu viel ißt.
   D. einen Arm verloren hat.

5. Weil die Mutter seine Lieblingssuppe gekocht hat, . . . das Kind.
   A. weint
   B. schweigt
   C. beklagt sich
   D. jubelt

6. Ich brauche noch eine Decke auf meinem Bett, . . .
   A. weil mein Schlafzimmer zu niedrig ist.
   B. weil ich morgen mit einem Schiff abreise.
   C. weil die Nächte kühl sind.
   D. weil ich etwas entdecken will.

7. Dieser alte Mann braucht keine Haarbürste, weil er . . . ist.
   A. hungrig
   B. durstig
   C. kahl
   D. eitel

8. Das Haus dort drüben brennt. Deshalb müssen wir sofort . . . anrufen.
   A. die Feuerwehr
   B. den Kohlenhändler
   C. die Großeltern
   D. die Köchin

9. Karl, wenn du artig bist, bekommst du . . .
   A. einen Engel.
   B. einen reichen Mann.
   C. ein Geschenk.
   D. nur Brot und Wasser.

10. Dieser Gärtner bleibt stehen und raucht, anstatt zu graben. Er . . .
   A. ist faul.
   B. ist zu ehrlich.
   C. ist ungeduldig.
   D. sucht einen Schatz in der Erde.

11. Ich habe meine Schulaufgaben nicht gemacht. Der Lehrer wird mich . . .

A. erschießen.
B. loben.
C. umarmen.
D. bestrafen.

12. Die Autofahrerin im schicken roten Hut muß eine Geldstrafe bezahlen, . . .
A. weil sie geschickt ist.
B. weil sie einen Polizisten geküßt hat.
C. weil sie nicht langsam genug gefahren ist.
D. weil sie gehalten hat, als ein Kind über die Straße ging.

Sie müssen jetzt entscheiden, was man in den gegebenen Situationen tun sollte.

13. Herr Kronig fährt mit seinem Auto. Plötzlich hört der Motor auf zu laufen, und das Auto bleibt stehen. Hundert Meter entfernt liegt eine Garage. Er muß jetzt
A. sitzen bleiben und schimpfen.
B. den Wagen zur Garage schieben.
C. zur Garage weiterfahren.
D. zurückfahren.

14. Frau Bender macht eine lange Reise mit dem Zug und liest ihre Zeitung. Sie ist hungrig, hat aber nichts zu essen mitgebracht. Sie sollte jetzt
A. zum Speisewagen gehen.
B. zum Schlafwagen gehen.
C. ihr Essen kochen.
D. ihr Butterbrot essen.

15. Die Großmutter strickt am offenen Fenster. Es zieht und sie muß
A. die Wolle festziehen.
B. die Tür aufmachen.
C. das Fenster zumachen.
D. nicht so oft böse sein.

16. Der auf Urlaub verreiste Onkel hat seinem Neffen ein schönes Geschenk geschickt. Der Junge hat nun einen

Dankesbrief geschrieben, kann aber den Namen des Ortes in der Absenderadresse nicht richtig lesen. Er sollte jetzt

A. die Absenderadresse so genau wie möglich auf den Umschlag seines Briefes abschreiben.
B. sich freuen, daß er den Brief nicht zu senden braucht.
C. am Ende seines Briefes schreiben: Bitte schreib mir, wenn Du diesen Brief nicht bekommst.
D. keinen Brief schreiben.

ZWEITER TEIL

Lesen Sie die folgenden Texte sorgfältig. Im Anschluß daran finden Sie mehrere Fragen oder unvollständige Bemerkungen. In jedem Fall müssen Sie von den vier Vorschlägen die Antwort oder Fortsetzung heraussuchen, die am besten zu dem Text paßt.

Lesen Sie das ganze Stück, bevor Sie mit den Antworten beginnen!

A. Helmut Sommer

Weißt du, wer uns heute besucht hat? Helmut Sommer, der sich mit Edith verlobt hat, erschien plötzlich im Geschäft. Er sah so elegant aus, daß wir ihn kaum erkannten. Sein Gesicht war braungebrannt und sein Sportanzug ließ ihn noch größer erscheinen, als er sowieso ist. Als er vor ein paar Jahren direkt von der Schule zu uns kam, um Verkaufen zu lernen, war er ein schüchterner, langer Junge. Aber du hättest sehen sollen, mit welchen Augen heute alle Mädchen nach ihm sahen. Ich glaube, da war kein Mädchen im Geschäft, das nicht heimlich neidisch auf Edith war.

(Nach: Arens-Straube, *Die Sprach- und Rechtschreibschule*, S. 19)

17. Wie sah Helmut Sommer aus?
    A. Er trug einen Gymnastikanzug.
    B. Er trug einen zu großen Anzug.
    C. Er sah wie ein Neger aus.
    D. Er war gut gekleidet.

18. Wann hatte der Erzähler der Geschichte Helmut zum ersten Mal getroffen?
   A. Vor zwei Jahren.
   B. Als er anfing zu arbeiten.
   C. Als er lernte zu gehen.
   D. Als er sehr vernünftig war.

19. Wie reagierten die Mädchen auf Helmut?
   A. Sie waren nicht mehr dort.
   B. Alle öffneten plötzlich ihre Augen.
   C. Sie dachten: „Ich wollte, er wäre mein Verlobter".
   D. Sie wollten nicht mehr mit Edith nach Hause gehen.

B. Die Eisenbahnfahrt

Karl und sein Bruder Peter wohnten in einem kleinen Dorf. Deshalb mußten sie mit der Eisenbahn zum Gymnasium fahren. Während dieser Fünfundzwanzigminutenfahrt hatten sie viel Spaß. Oft machten sie den Mund auf, als ob sie schläfrig wären, und fuhren fort zu gähnen, bis alle Leute, die in demselben Abteil saßen, auch gähnten. Manchmal brauchten sie nur zehn Minuten dafür.

Eines Abends kam ihr Onkel Heinrich zu ihnen. „Na, meine Jungen," sagte er, „sollen wir zum Zirkus in die Stadt fahren?"— „Prima!" antworteten die beiden begeistert.

Die Mutter kam auch mit. Ihr Mann war vor anderthalb Jahren gestorben, und allein würde sie sich zu Hause langweilen.

Im Zug begannen die Kinder ihr gewöhnliches Spiel: Sie gähnten, und eine alte Frau gähnte mit. „Aber was ist mit euch los?" fragte die Mutter. „Ihr seid viel zu müde, um zum Zirkus zu gehen. Wir werden gleich aussteigen, dann könnt ihr schlafen gehen. Nein, ich will keine Widerrede hören! Wenn ich euch nicht genug schlafen lasse, bin ich keine gute Mutter."

Fast weinten die Kinder. Der Onkel sagte aber zu seiner Schwägerin: „Tue mir einen Gefallen. Vergiß die ganze dumme Geschichte! Es war nur ein Scherz. Das machte ich auch in ihrem Alter."

Endlich ließ sich die Mutter überreden.

20. Wie lange dauerte die Eisenbahnfahrt?
    A. Zehn Minuten.
    B. Nur eine Viertelstunde.
    C. Weniger als eine halbe Stunde.
    D. mehr als eine halbe Stunde.

21. Warum gähnten die Reisenden?
    A. Weil sie müde waren.
    B. Weil sie böse waren.
    C. Weil sie froh waren.
    D. Weil die Jungen als erste gähnten.

22. Warum langweilte sich die Mutter?
    A. Weil sie als Witwe oft allein war.
    B. Weil sie mitkam.
    C. Weil kein Zirkus im Dorf war.
    D. Weil die Kinder nur anderthalb Jahre alt waren.

23. Wohin wollte die Mutter die Jungen schicken, nachdem sie ausgestiegen waren?
    A. Zum Zirkus.
    B. In die Stadt.
    C. Ins Bett.
    D. Zum Onkel.

24. Warum änderte die Mutter endlich ihre Meinung?
    A. Weil die Jungen schnell anfingen zu weinen.
    B. Weil der Onkel das Spiel aus seiner Jugend kannte.
    C. Weil sie den Onkel überredete.
    D. Weil sie keine gute Mutter war.

C. Gespräch zwischen einem Vater und seiner Tochter

VATER: Na, Ilse, wie war die Fahrt an den See? Meine Eltern sind noch ganz begeistert davon.

ILSE: Oh, Vati, der See war wunderschön, aber etwas Schreckliches ist passiert. Wenn du nur mit uns gekommen wärest!

VATER: Aber, mein Kind, ich kann unseren Laden am Tag nicht einfach schließen. Die Leute müssen Brot und Zucker und Obst kaufen können, wenn sie sie brauchen. Und außerdem kann ich es mir nicht leisten, Kunden zu verlieren. Also, was ist passiert?

ILSE: Wir fuhren zu diesem herrlichen See, der hoch in den Bergen liegt. Ein paar Minuten bevor wir den See erreichten, blieb das Auto plötzlich auf dem steilen Weg stehen.

VATER: Wenn ein Auto fünfzehn Jahre alt ist, geschieht so etwas manchmal. Man braucht nur ein bißchen zu schieben.

ILSE: Ja, das weiß ich, aber der Weg ging sehr steil empor, die Sonne stand hoch am Himmel, und die Luft war still. Es war wirklich schwer. Oma und Opa konnten natürlich nicht helfen, und Mutti mußte den Wagen lenken. Dann kam ein anderes Auto auf uns zu. Darin saßen eine Frau am Steuer und ein Mann neben ihr. Sie haben uns bloß überholt.

VATER: Die Frau konnte natürlich nicht schieben. Aber der Mann ist nicht ausgestiegen?

ILSE: Nein, sie fuhren vorbei, ohne zu halten. Ich sah den Mann mit bösen Augen an. Ich dachte: „Der ist kein Kavalier! Er könnte uns helfen." Und jetzt schäme ich mich so.

VATER: Wieso denn? Er hat es verdient.

ILSE: Nein, Vati. Als wir am See waren, sah ich das andere Auto nahe bei uns. Die Fahrerin hob ihren Beifahrer aus dem Auto. Er hatte keine Beine!

VATER: Ja, mein Kind, man muß alle Umstände kennen, ehe man einen Menschen verurteilt.

25. Warum konnte der Vater nicht mitkommen?
    A. Weil er Brot backen mußte.
    B. Weil er Lebensmittel verkaufen mußte.
    C. Weil er Lebensmittel kaufen mußte.
    D. Weil er als Kellner arbeitete.

26. Warum blieben sie auf dem Weg stehen?
    A. Weil der Weg zu steil für das Auto war.
    B. Weil sie das Auto schieben wollten.
    C. Weil sie den See bewundern wollten.
    D. Weil sie den Weg verloren hatten.

27. Wer half Ilse, das Auto zu schieben?
    A. Die Großeltern.

B. Ihre Mutter.
C. Ein unbekannter Mann.
D. Niemand.

28. Warum half der Mann im zweiten Auto nicht?
A. Er konnte nicht sehen.
B. Er konnte nicht gehen.
C. Er mußte den Wagen lenken.
D. Seine bessere Hälfte war zu Hause.

29. Wie war das Wetter?
A. Kalt.
B. Windig.
C. Heiß.
D. Regnerisch.

30. Was hatte Ilse gelernt?
A. Autos bleiben manchmal plötzlich stehen.
B. Ihre Mutter fuhr schlecht.
C. Man sollte nicht zu schnell kritisieren.
D. Man muß nicht mit einem alten Auto fahren.

HÖREN UND VERSTEHEN

Test 1

ERSTER TEIL

In diesem Teil hören Sie eine kurze Bemerkung oder ein kurzes Gespräch. Beide werden nur einmal gesprochen. Nach jeder Bemerkung und nach jedem Gespräch müssen Sie zuerst entscheiden, wer spricht. Sie haben vier Antworten, von denen nur eine richtig ist. Suchen Sie die Antwort heraus, die am besten paßt, und schreiben Sie sie auf das Blatt Papier für Ihre Antworten.

1. A. Kellner und Gast in einem Restaurant.
   B. Mann und Frau.
   C. Verkäufer und Kundin.
   D. Patient und Krankenschwester.

2. A. Ein Briefträger.
   B. Ein Gepäckträger.
   C. Ein Fischer.
   D. Ein Platzanweiser im Theater.

3. A. Eine Schwester zur anderen Schwester.
   B. Eine Sekretärin zu ihrem Chef.
   C. Eine Köchin zu einem Kindermädchen.
   D. Eine Großmutter zu ihrer Enkelin.

4. A. Ein Musiklehrer zu seiner Klasse.
   B. Ein Dirigent zu seinem Orchester.
   C. Ein Reiseleiter zu einer Reisegruppe.
   D. Ein Ansager im Radio.

5. A. Ein Doktor und seine Tochter.
   B. Ein Apotheker und ein kleines Mädchen.
   C. Ein Porzellanwarenhändler und eine Kundin.
   D. Ein Blumenhändler und eine Kundin.

6. A. Ein Soldat.
   B. Ein Tennisspieler.
   C. Ein Jäger.
   D. Ein Fußballspieler.

7. A. Ein Mann, der seinen Garten betrachtet.
   B. Ein Mann, der sich in seinem Garten ausruht.
   C. Ein Straßenarbeiter, der eine Pause hat.
   D. Ein Mann, der seinen Garten umgräbt.

8. A. Ein Kapitän zu seinem Steuermann.
   B. Ein Sportlehrer zu den Mitgliedern eines Rudervereins.
   C. Ein Elektriker zu einem Lehrling.
   D. Ein Mann von der Versicherung zu einem Klienten.

Jetzt müssen Sie entscheiden, wo die Sprechenden sind.

9. A. Auf der Post.
   B. In Hannover.
   C. Im Reisebüro.
   D. Auf dem Bahnsteig.

10. A. Im Klassenzimmer.
    B. Im Schlafzimmer.
    C. Auf der Polizeiwache.
    D. Im Abteil.

11. A. Im Schuhgeschäft.
    B. Im Handschuhgeschäft.
    C. Im Park.
    D. Im Treppenhaus.

12. A. Im Badezimmer eines Hotels.
    B. In der Halle eines Hotels.

C. Auf dem Balkon eines Hotels.
D. Vor einem Hotel.

13. A. In einem Warenhaus.
B. In einer Buchhandlung.
C. In einer Bibliothek.
D. Im Zoo.

14. A. Vor einem Eiscafé.
B. Auf der Rollschuhbahn.
C. Auf einem zugefrorenen See.
D. In einem Schuhgeschäft.

ZWEITER TEIL

In diesem Teil hören Sie einige Fragen oder Bemerkungen. Sie haben wieder vier Antworten. Suchen Sie nach jedem Satz die Antwort heraus, die am besten paßt.

Hier ist die erste Situation:

Die Familie Mohrbacher will von einer gemieteten Wohnung in Düsseldorf in ihr neues eigenes Haus in einem Vorort ziehen. Herr Mohrbacher geht zu einem Spediteur, um zu fragen, ob der Spediteur den Umzug durchführen kann. Der Spediteur fragt:

15. A. Ich ziehe zum ersten Mal um.
B. Letzten Monat.
C. Am letzten dieses Monats.
D. Ich ziehe mich um, wenn ich mit meiner Frau ausgehe.

16. A. Unsere Wohnung hat sechs Stockwerke.
B. Im Erdgeschoß.
C. Ich habe schon viele Stöcke verloren.
D. Der Stock kostet 20 Mark.

17. A. Meisenstraße. Das Straßenschild ist aber noch nicht angebracht.
    B. Die Straßen heißen alle wie Vögel.
    C. Die ganze Straße ist voller Vögel.
    D. Es sind dort unheimlich viele Straßen.

18. A. Wir haben sehr viele Dinge.
    B. Das Haus hat 500 Kubikmeter.
    C. Ich weiß nicht. Können Sie jemanden schicken, um es zu schätzen?
    D. Wir besitzen keinen Möbelwagen.

Hier ist die zweite Situation:

Herr Denninghaus ist Direktor einer Schuhfabrik. Seit zwei Wochen streiken die Arbeiter. Ein Reporter kommt zu Herrn Denninghaus und fragt ihn:

19. A. Sie streiken nie.
    B. Die Fabrik steht jetzt zum erstenmal seit zwanzig Jahren still.
    C. Meine Arbeiter streichen alles an.
    D. In den letzten zehn Jahren habe ich jeden Tag zu den Arbeitern gesprochen.

20. A. Nein, ich bezahle einen sehr niedrigen Lohn.
    B. Jede Woche bekommen sie mehr Lohn.
    C. Ja, sie wollen zehn Pfennig mehr pro Stunde als bisher.
    D. Meine Arbeiter streiken ja schon.

21. A. Ich zahle freitags.
    B. Es ist Dienstag.
    C. Ich finde, sie bekommen recht viel.
    D. Ich habe zwei Dienstmädchen.

22. A. Sie wollen keinen höheren Lohn.
    B. Ich biete den Arbeitern fünf Pfennig mehr.
    C. Der Streik ist schon zu Ende.
    D. Ich will ihnen alles geben.

DRITTER TEIL

In diesem dritten und letzten Teil hören Sie eine Geschichte und ein Gespräch. Zu dieser Geschichte und zu diesem Gespräch hören Sie vier Fragen. Sie haben wieder vier Antworten. Suchen Sie nach jeder Frage die Antwort heraus, die am besten paßt. Sie werden die Geschichte und das Gespräch zweimal hören.

Sie hören zuerst die Geschichte: **Eine Überraschung für Deitmers**

☮

Hier sind die Fragen zum ersten Mal:

☮

23. A. Zur Post.
    B. Zum Briefkasten.
    C. In die Küche.
    D. In das Wohnzimmer.

24. A. Diebe hatten das Licht brennen lassen.
    B. Ein Polizist hatte das Licht angeschaltet.
    C. Deitmers hatten vergessen, das Licht auszumachen.
    D. Freunde hatten das Licht angeschaltet.

25. A. Die Vorhänge vor den Fenstern.
    B. Die Schmuckkassette.
    C. Schmuck und Geld.
    D. Die Theaterkarten.

26. A. Freunde.
    B. Diebe.
    C. Tante Barbara.
    D. Der Bruder Wilhelm.

Und zuletzt ein Gespräch zwischen einem Großvater und seiner Enkelin.

☮

Hier sind die Fragen zum ersten Mal:

Ⓧ

27. A. Weil sie blind waren.
    B. Weil sie durstig waren.
    C. Weil die Nachbarn schlecht behandelt wurden.
    D. Weil nicht genug Platz in der Wohnung war.

28. A. Ja, er hatte vier Katzen.
    B. Ja, er hatte Marlies zwanzig Mark gegeben.
    C. Nein, er hätte den Tierarzt nicht bezahlen können.
    D. Nein, er durfte das Haus nicht verlassen, weil er seinen Arzt nicht bezahlen konnte.

29. A. Der Großvater fühlte sich nicht gut.
    B. Der Großvater war grausam.
    C. Ihr Vater hatte Urlaub.
    D. Ihr Bruder war zu faul.

30. A. Zwanzig Mark.
    B. Drei Kätzchen.
    C. Eine Manteltasche.
    D. Marlies Einkäufe.

LESEN UND VERSTEHEN

Test 1

ERSTER TEIL

In jeder der folgenden Fragen lesen Sie einen kurzen Bericht über eine Situation. Suchen Sie die Bemerkung heraus, die in der gegebenen Situation am besten paßt, und schreiben Sie Ihre Antwort auf das Blatt Papier für Ihre Antworten.

1. Anna sitzt im Autobus. Als der Schaffner kommt, merkt sie, daß sie ihre Handtasche verloren hat. Der Schaffner sagt:
   A. Hier braucht man nicht zu bezahlen.
   B. Steig an der nächsten Haltestelle aus.
   C. Aber dein Taschentuch liegt auf dem Boden.
   D. Wieviel Taschengeld bekommst du?

2. Der Nachbar sagt zum kleinen Franz: „Dein Lehrer ist sehr beliebt, nicht wahr?" Franz antwortet:
   A. Ja, er straft uns zu oft.
   B. Nein, er ist ziemlich mager.
   C. Ja, alle Schüler haben ihn sehr gerne.
   D. Ja, ein kleiner, dünner Mann.

3. Zwei Nachbarinnen unterhalten sich über gemeinsame Nachbarn und eine sagt: „Michael ist wirklich das schwarze Schaf der Familie Meyer." Die andere antwortet:
   A. Ja, immer macht er alles falsch.
   B. Er arbeitet sehr viel.
   C. Ja, Meyers haben viele Schafe.
   D. Ja, Michael hat Haare wie ein Schaf.

4. Die Mutter fragt ihre siebenjährige Tochter: „Soll ich dir ein Stück aus diesem Buch vorlesen?" Das Mädchen antwortet:

A. Ich habe schon dreihundert Bücher gelesen.
B. Worum handelt es sich in dem Buch?
C. Wieviel kostet das Stück?
D. Ich weiß nicht, was ich tun soll.

5. Zwei Mädchen, Lore und Paula, die den Tag bei ihrer Tante verbracht haben, gehen abends zum Bahnhof, um nach Hause zu fahren. Plötzlich sehen sie, daß der Zug schon einfährt. Lore ruft aus:
A. Sieh mal, der Zug fährt heute über die Fähre!
B. Wir hätten den vorigen Zug nehmen sollen.
C. Schau doch! Die Tante sitzt dort in dem Zug.
D. Beeile dich, Paula!

6. Auf der Straße fragt man Herrn Meyer: „Können Sie mir bitte Feuer geben?" Herr Meyer antwortet:
A. Leider nicht, meine Frau ist krank.
B. Rufen Sie doch die Feuerwehr an.
C. Leider habe ich keine Streichhölzer bei mir.
D. Aber es ist gar nicht kalt.

7. Die siebzehnjährige Edith hat eigentlich ein „Idealgewicht" von 104 Pfund. Sie will aber dünner werden. Deshalb ißt sie fast nichts. Die Mutter sagt zu ihr:
A. Stelle bitte einmal unser Mittagessen auf die Waage.
B. Dein Rock ist zu eng.
C. Leute, die zu wenig essen, werden krank.
D. Du bist zu dick für deine Größe.

8. Zwei müde Damen gehen im Park spazieren. Endlich finden sie eine Bank. Davor steht ein Schild mit den Worten: „Frisch gestrichen". Die ältere Dame sagt:
A. Ich muß unbedingt Geld haben. Warten Sie bitte zwei Minuten, während ich in diese Bank gehe.
B. Endlich haben wir Glück! Hier können wir uns hinsetzen.
C. Ich bin sehr müde. Wir werfen dieses Schild weg. Dann können wir uns ruhig hinsetzen.
D. Das ist aber schade! Jetzt müssen wir noch weiter gehen.

9. Mit Stolz erzählt die Witwe Heiniger ihrer Freundin, Frau Bauer, von der Verlobung ihres einzigen Sohnes, Wilhelm, mit der Tochter eines Millionärs. Die erstaunte Frau Bauer fragt: „Ist das Ihr Ernst?“ Die Witwe erwidert:
   A. Ja, warum soll er nicht eine reiche Frau heiraten, wenn er sie liebt?
   B. Nein, das ist mein Wilhelm.
   C. Ja, der arme Junge darf sie nicht heiraten.
   D. Nein, das ist unglaublich.

10. Eine Dame geht in ein Antiquitätengeschäft. Der Verkäufer fragt liebenswürdig: „Kann ich Ihnen helfen? Suchen Sie etwas Bestimmtes?“ Die Dame antwortet:
   A. Ich möchte eine alte Uhr kaufen.
   B. In Rom gibt es viele Antiquitäten.
   C. Danke, ich bin sehr selbständig.
   D. Ich suche eine liebe alte Tante.

11. Ein Arbeiter fragt seinen Direktor, wer den ersten Preis in der Lotterie der Firma gewonnen hat. Der Direktor antwortet:
   A. Die Preise sind in den letzten Jahren gestiegen.
   B. Herr Bauer ist der Gewinner.
   C. Wir haben schon viele Kunden gewonnen.
   D. Die erste Lotterie war auch ganz gut.

ZWEITER TEIL

Lesen Sie die folgenden Texte sorgfältig. Nach jedem Text finden Sie mehrere Fragen oder unvollständige Bemerkungen. In jedem Fall müssen Sie von den vier Vorschlägen die Antwort oder Fortsetzung heraussuchen, die am besten zu dem Text paßt.

Lesen Sie das ganze Stück, bevor Sie mit den Antworten beginnen.

A. Die Soße der Seligen

HANS: Also, Liese, endlich kommst du! Seit deiner Heirat vor einem halben Jahr habe ich dich nicht mehr gesehen.

LIESE: Ja, Hans, ich konnte nicht früher von meinem Mann weggehen. Ich wagte es nicht.

HANS: Warum denn? Fürchtest du dich vor ihm? Bist du nicht glücklich mit Paul?

LIESE: Nach der Hochzeitsreise merkte ich, daß er mit meinem Kochen nicht ganz zufrieden war.

HANS: Unsinn! Du bist ja eine ausgezeichnete Köchin!

LIESE: Gewiß koche ich recht gern. Aber Paul wollte einen bestimmten Geschmack. Nach jeder Mahlzeit sagte er: „Ja, Liese, das war gut, aber es fehlt die Soße der Seligen."

HANS: Wer ist denn die Selige?

LIESE: So nennt er seine verstorbene Frau. Also, ich versuchte immer wieder, neue Soßen zu finden, aber jedesmal vergebens.

HANS: Und dann?

LIESE: Vor kurzem, gerade als ich das Mittagessen kochte, rief mich meine Nachbarin an. Sie war verzweifelt, weil sie Probleme mit ihren Töchtern hat. Ich mußte Rat geben. Endlich, als ich zum Herd zurückkam, war das Essen verbrannt. In jenem Moment trat Paul ein.

HANS: Du arme!

LIESE: Ich hatte so furchtbar Angst! Ich konnte gar nicht essen.

HANS: Und was sagte Paul?

LIESE: Sobald er das Essen probiert hatte, sprang er auf und küßte mich. „Ach, Liebling," rief er, „du hast endlich die Soße der Seligen gefunden."

HANS: Ha! Ha! Und seitdem läßt du immer das Essen anbrennen, und Paul ist zufrieden. Komischer Geschmack!

12. Seit wann war Liese verheiratet?
    A. Seit einem Jahr.
    B. Seit sechs Monaten.
    C. Seit etwa einem Monat.
    D. Seit dem Ende der Hochzeitsreise.

13. Warum war Paul nicht ganz mit Lieses Kochen zufrieden?
    A. Weil Liese nicht gut kochte.
    B. Weil Liese nicht gern kochte.
    C. Weil die Köchin alt und häßlich war.
    D. Weil ein gewisser Geschmack fehlte.

14. Was geschah eines Tages, als Liese das Mittagessen zubereitete?
    A. Eine Nachbarin rief ihr etwas zu.
    B. Sie hatte Probleme mit ihren Kindern.
    C. Sie mußte Kindern Geschenke geben.
    D. Ihre Arbeit wurde durch ein Telefongespräch unterbrochen.

15. Warum küßte Paul seine Frau?
    A. Weil sie nicht essen konnte.
    B. Weil sie das Essen verbrannt hatte.
    C. Weil sie Angst hatte.
    D. Weil sie die Probleme der Nachbarin gelöst hatte.

B. Unerwünschter Besuch

Es klingelt und Erna öffnet. Draußen steht Michael, den Erna neulich auf dem Hausball ihrer besten Freundin kennengelernt hat. Er scheint sie anzubeten und versucht immer, in ihrer Nähe zu sein, während sie ihn nur nett findet. Michael schlägt jetzt vor, rudern zu gehen. Erna rudert zwar sehr gern aber sie kann unmöglich mitkommen, denn gerade der Junge, den sie am besten, am tollsten findet, hat sie für den Spätnachmittag zu einer Autofahrt eingeladen. Wie kann sie Michael nun schnell loswerden, ohne ihm die Wahrheit zu sagen, denn manchmal ist es ja ganz nützlich, ihn zu haben! Das egoistische Mädchen sagt deshalb: „Mein Vater hat morgen Geburtstag, und ich muß erst ein Geschenk für ihn kaufen. Kommst du mit?“ Michael stimmt freudig zu, und sie gehen in das nicht weit entfernte Warenhaus. Dort stoßen und schieben die Menschen einander. Hier braucht Erna genau sechs Minuten, ehe es ihr gelingt, Michael zu ‚verlieren‘. Sie eilt nach Hause, wo Peter schon auf sie wartet, während Michael noch immer in allen Abteilungen sucht, wo man vielleicht ein Geschenk für einen Herrn kauft.

16. Vor der Tür steht Michael,
    A. den Erna auf einer Party getroffen hat.
    B. der gerade betet.

C. der Ernas Freund ist.
D. der nicht weit von Erna entfernt wohnt.

17. Erna geht nicht mit Michael rudern,
A. denn er ist verrückt.
B. denn sie hat keine Einladung angenommen.
C. denn sie geht nicht gern rudern.
D. denn sie hat eine Verabredung.

18. Sie schickt ihn nicht sofort weg,
A. weil sie ihm helfen will.
B. weil sie ihn so nicht loswerden kann.
C. weil er ein Geschenk kaufen soll.
D. weil sie vielleicht noch wieder mit ihm ausgehen will.

19. Im Warenhaus
A. kaufen sie ein Geschenk.
B. gehen sie in die Abteilung für Herrenartikel.
C. haben sie viel Spaß.
D. sind sehr viele Menschen.

20. Nach sechs Minuten
A. hat Erna erreicht, was sie wollte.
B. wartet Erna auf Peter.
C. wartet Erna auf Michael.
D. geht Michael zum Informationsbüro.

C. Der Schriftsteller und die Dame

Ein Schriftsteller, der heute sehr bekannt ist, erzählt folgende Geschichte aus seiner Anfangszeit:
—Es war bei der Premiere meines ersten Stückes, das leider ein schrecklicher Mißerfolg war. Ich saß bleich und traurig auf meinem Platz, als eine Dame mich von hinten anstieß und sagte: „Verzeihung, Sie sind doch der Autor . . .?“ Ich nickte schamerfüllt. „Ich dachte mir gleich, daß sie es waren,“ sagte die Dame, „und da ich Locken von Berühmtheiten sammle, habe ich mir die Freiheit genommen, Ihnen vorhin eine Haarlocke abzuschneiden. Erlauben Sie mir, sie Ihnen zurückzugeben!“

21. Der Schriftsteller
   A. wurde mit seinem ersten Stück berühmt.
   B. ist noch nicht berühmt.
   C. fing an, Geschichte zu lernen.
   D. erzählt von der Zeit, als er begann zu schreiben.

22. Bei der Premiere seines ersten Stückes
   A. war der Autor gar nicht erfolgreich.
   B. stahl der Autor etwas.
   C. saß der Autor hinter einer Dame, die zu ihm sprach.
   D. gab es donnernden Beifall.

23. Die Dame hatte eine Locke des Autors abgeschnitten,
   A. weil sie fand, daß sein Haar zu lang war.
   B. weil sie wegen seines Haares die Szene nicht gut sehen konnte.
   C. weil sie dachte, daß er berühmt werden würde.
   D. weil sie in Freiheit lebte.

24. Die Dame gab dem Schriftsteller eine Haarlocke,
   A. weil sie ihm ein Geschenk geben wollte.
   B. weil ihr das Stück nicht gefiel.
   C. weil sie ihn erkannte und ihm gefallen wollte.
   D. weil er Haarlocken von berühmten Personen sammelte.

D. Gelungene Flucht

Heute, drei Jahre nach dem Bau der Mauer in Berlin, wollte Klaus nach Westberlin fliehen. Der Weg schien sicher zu sein: innerhalb von drei Wochen war es neun Jungen aus seinem Gymnasium gelungen, einem nach dem anderen, zu entkommen.

Klaus ging um 20.30 Uhr vom Bahnhof Friedrichstraße zum Ufer der Spree. Er betrachtete die Passanten, dann das Bahngleis, über das er den Weg in die Freiheit finden wollte. Wurde er beobachtet? War die Fluchtstelle entdeckt? Drüben stand schon seit fünf Minuten ein Mann, aber er entfernte sich. Klaus näherte sich dem Bahndamm bis zu der Stelle, an der einige Steine aus der Mauer herausgebrochen waren und von wo er auf die Bahngleise klettern konnte. Dort versteckte er sich an einer dunklen Stelle bis der Zug nach Westberlin mit einer Geschwindigkeit von nur 25 Kilometer pro Stunde nahte. Kaum war die Lokomotive vorüber, lief er neben dem fahrenden Zug her—aber erst auf den zweitletzten Wagen konnte er springen. Er öffnete die Wagentür. Der Gang war leer. Schnell schloß er sich in der Toilette ein und wusch sich die verschmutzten Hände. Nach wenigen Minuten war er in West-Berlin —die Flucht war gelungen!

25. Die neun Schüler eines Gymnasiums in Ostberlin
    A. flogen nach Westberlin.
    B. kamen alle auf einmal nach Westberlin.
    C. benutzten verschiedene Methoden, um nach Westberlin zu fliehen.
    D. kamen nach derselben Methode nach Westberlin.

26. Klaus überlegte,
    A. ob die Polizei den Weg gefunden hätte.
    B. ob er die Umgebung untersuchen sollte.
    C. welchen Weg in die Freiheit er finden würde.
    D. daß die Passanten bunte Kleidung trugen.

27. Der Mann, der drüben stand,
    A. folgte Klaus.
    B. ging auf und ab.
    C. ging endlich weg.
    D. war auf der Spree.

28. Klaus kletterte auf die Bahngleise,
    A. als der Mann ihn sah.
    B. als der Zug vorbeifuhr.
    C. wo die Mauer schadhaft war.
    D. wo er Steine aus der Mauer brechen konnte.

29. Der Zug
    A. fuhr hier ganz langsam.
    B. fuhr an Klaus vorbei.
    C. hielt nach 25 Kilometern.
    D. hatte ein Abteil für Flüchtlinge.

30. In dem Zug
    A. waren viele Leute auf dem Gang.

B. hatte die Toilette kein Schloß.
C. versteckte er sich in der Toilette.
D. machte er sich die Hände schmutzig.

HÖREN UND VERSTEHEN

Test 2

ERSTER TEIL

In diesem Teil hören sie eine kurze Bemerkung oder ein kurzes Gespräch, und zwar nur einmal. Bei jeder Bemerkung und bei jedem Gespräch müssen Sie zuerst entscheiden, wer spricht. Suchen Sie von den vier gegebenen Antworten die heraus, die am besten paßt.

Ⓧ

1. A. Taxifahrer und Kundin.
   B. Busfahrer und Passagier.
   C. Schuldirektor und Lehrerin.
   D. Verkäufer von Fahrkarten am Bahnhof und Reisende.

2. A. Ein Ehemann, der um seine Frau besorgt ist, und eine Krankenschwester.
   B. Ein Patient, der an seinen Nerven leidet, und eine Krankenschwester.
   C. Ein strenger Vater und eine Lehrerin.
   D. Ein Geschäftsmann, der eine neue Angestellte braucht, und eine Sekretärin.

3. A. Ein Verkäufer von Fahrrädern.
   B. Ein Beobachter eines Rennens.
   C. Ein Zeuge eines Überfalls.
   D. Ein Zeuge eines Unfalls.

4. A. Ein Dieb und ein Ehepaar.
   B. Ein Bankdirektor und ein Ehepaar.
   C. Ein Mann von der Versicherung und ein Ehepaar.
   D. Ein Polizist und ein Ehepaar.

Und jetzt müssen Sie entscheiden, wo die Sprechenden sind.

5. A. Auf dem Bahnhof.
   B. An der Haltestelle.
   C. Im Hutgeschäft.
   D. Vor einem Gasthaus.

6. A. In einem Warenhaus.
   B. In einem Möbelgeschäft.
   C. In einem großen Wohnhaus.
   D. Bei der Feuerwehr.

7. A. Im Restaurant.
   B. Beim Fleischer.
   C. In der Bäckerei.
   D. In Wien.

8. A. In einem Restaurant.
   B. Vor einem Gericht.
   C. In einer Kirche.
   D. In einem Tanzcafé.

9. A. Auf dem Markt.
   B. Vor einer Wiege.
   C. Vor einem Auto.
   D. Auf dem Bahnhof.

10. A. In einer Zementfabrik.
    B. Auf einer Baustelle.
    C. Vor einem Fenster.
    D. Im Gebirge.

11. A. In der Metzgerei.
    B. In der Obst- und Gemüsehandlung.
    C. Bei einem Glückspilz.
    D. In der Nähe von Schottland.

12. A. An der See.
    B. Im Kohlenkeller.
    C. Vor einem neuen Haus.
    D. Im Schnee.

Jetzt hören Sie fünf Fragen. Diesmal aber hören Sie auch die Antworten und lesen sie nicht. Sie hören die Fragen und die Antworten zweimal. Nach jeder Frage suchen Sie die Antwort heraus, die am besten paßt.

ZWEITER TEIL

In diesem Teil hören Sie einige Fragen, und zwar nur einmal. Sie müssen die Antwort heraussuchen, die am besten paßt.

Hier ist eine Situation:

Frau Kieler besucht ihre Tochter Erika. Erika hat vor drei Monaten geheiratet, und dies ist der erste Besuch der Mutter seit der Hochzeit. Die Mutter fragt:

18. A. Wir verstehen uns sehr gut.
    B. Wir vertragen beide recht viel.
    C. Jürgen hat einen schriftlichen Vertrag mit seiner Firma.
    D. Streiks dauern nie lange hier.

19. A. Meine Schulaufgaben mache ich immer allein.
    B. Ihm ist nicht zu helfen.
    C. Hausarbeit hilft mir über viele einsame Stunden.
    D. Manchmal putzt er Staub.

20. A. Ich gebe acht, daß er sein Geld nicht verliert.
    B. Ein Haushalt kostet viel Geld.
    C. Er verdient 900 DM im Monat.
    D. Ich komme gerade damit aus.

21. A. Einmal hatte ich Pech mit den Kartoffeln.
    B. Das Essen ist meistens brennbar.
    C. Ich koche brennend gern.
    D. Ich heize den Herd mit Kohlen.

DRITTER TEIL

In diesem dritten und letzten Teil hören Sie eine Geschichte und ein Gespräch. Zu dieser Geschichte und zu diesem Gespräch hören Sie einige Fragen. Sie werden die Geschichte, das Gespräch und die Fragen zweimal hören.

Zuerst kommt die Geschichte: **Der Streit**

22. A. Jemand hatte sie schlecht behandelt.
    B. Jemand hatte zu rechnen.
    C. Jemand hatte ihr gefallen.
    D. Jemand hatte sie fallen lassen.

23. A. Daß die Tür offen sei.
    B. Daß er anklopfen müsse.
    C. Daß es nicht sehr lang dauern würde.
    D. Daß Hilfe nötig sei.

24. A. Einen echten Streit.
    B. Eine richtige Theatervorstellung.
    C. Eine Probe für ein Drama.
    D. Ein Radioprogramm.

25. A. Ein gefährliches Gerät.
    B. Einen Radioapparat.
    C. Eine Entschuldigung.
    D. Eine freundliche Begrüßung.

Zuletzt hören Sie ein Gespräch zwischen einem Mann und einer Frau, die ein Zimmer zu vermieten hat: **Das ruhige Haus**

☮

26. A. Weil der Preis etwas hoch war.
    B. Weil er wählerisch war.
    C. Weil ihm alles in der Welt gefiel.
    D. Weil er es mochte.

27. A. Ruhe.
    B. Einen Klavierlehrer.
    C. Einen Schoßhund.
    D. Lärm.

28. A. Die Hunde waren schlimm.
    B. Die Männer kamen selten nach Hause.
    C. Man machte keinen Lärm auf der Treppe.
    D. Die Frau suchte etwas Angenehmes.

29. A. Er war Musiker.
    B. Er war Angestellter.
    C. Er war Lehrer für Trompete.
    D. Er war Handwerker.

30. A. Weil er schon für drei Monate bezahlt hatte.
    B. Weil er arbeiten mußte.
    C. Weil er gern Orchester hörte.
    D. Weil er so nett war.

LESEN UND VERSTEHEN

Test 2

ERSTER TEIL

In jeder der folgenden Fragen lesen Sie einen kurzen Bericht über eine Situation. Suchen Sie die Bemerkung heraus, die in der gegebenen Situation am besten paßt.

1. Fritz kommt zu spät in die Turnstunde. Er erklärt:
   A. Ich ging gestern abend zu früh zu Bett.
   B. Ich konnte das Gymnasium nicht finden.
   C. Ich turne furchtbar gern.
   D. Ich mußte eine Arznei für die Mutter holen.

2. Die Tante kommt und will den Vater dringend sprechen. Der Sohn sagt:
   A. Einen Moment, bitte. Ich bringe Vati gleich unter.
   B. Einen Moment, bitte. Ich bringe Vati gleich um.
   C. Ich werde Vati gleich holen.
   D. Leider hat seine Sprechstunde noch nicht angefangen.

3. Agnes hat ihre erste Fahrstunde. Der Fahrlehrer sagt zu ihr:
   A. Heute lernen Sie nur das Auto zu steuern.
   B. Wann haben Sie Ihren Führerschein gemacht?
   C. Fahren Sie lieber mit dem Flugzeug oder mit der Eisenbahn?
   D. Ich gebe Ihnen erst einmal Unterricht in allgemeinen Fächern.

4. Der junge, noch unbekannte dreiundzwanzigjährige Maler Johannes Theissen versucht, einem Museum ein Werk zu verkaufen. Er sagt zum Direktor:

A. Alle Welt bewundert meine Bilder.
B. Ich streiche Ihre Räume zu einem niedrigen Preis.
C. Darf ich neben dem Museum ein Geschäft für meine Bilder kaufen?
D. Meine Auffassung von Kunst ist revolutionierend neu.

5. Die Mutter hat ihrer kleinen Tochter ein frisch gewaschenes Kleid angezogen, weil sie sofort mit ihr ausgehen muß. Nach drei Minuten kommt die Kleine mit einem großen Fleck auf dem Kleid zur Mutter. Diese sagt zu ihr:
A. Ich stelle bald die Waschmaschine an.
B. Du mußt schnell etwas anderes anziehen.
C. Hol schnell mein Nähzeug.
D. Dein Kleid war noch nie so sauber.

6. Zwei kleine Kinder haben sich auf dem Lande verirrt. Sie fragen eine Frau, wie sie nach Hause finden können. Die Frau sagt zu ihnen:
A. Da müssen Sie auf dem Postamt fragen.
B. Ihr irrt euch.
C. Es tut mir leid, ich bin selbst fremd hier.
D. Im nächsten Dorf ist ein Irrenhaus.

7. Es klingelt. Frau Husmann geht zur Tür. Dort steht eine Dame, die für blinde Kinder sammeln will. Frau Husmann sagt:
A. Mein Kind sieht sehr gut.
B. Unsere Klingel ist kaputt.
C. Hier, nehmen Sie fünf Mark.
D. Ich kaufe nichts.

8. Die Familie hat beschlossen, ihre Ferien in ihrem gerade fertig gewordenen eigenen Haus zu verbringen. Jetzt wird geplant, was man alles machen könnte. Der Vater sagt:
A. Die Planung unseres Wochenendhauses geht gut voran.
B. Wir brauchen einen Architekten für die Innendekoration des Hauses.
C. Wir müssen entscheiden, wo wir den Urlaub verbringen wollen.

D. Wenn das Wetter schön ist, schlafen wir alle im Zelt draußen im Garten.

9. Ein Schiff ist auf hoher See in Schwierigkeiten geraten. Wasser dringt in das Schiff, aber der Kompass funktioniert noch. Der Funker hat Verbindung mit einem anderen Schiff aufgenommen und sagt:
A. Unsere Funkverbindung ist nicht in Ordnung.
B. Unser Schiff ist in Gefahr unterzugehen.
C. Können Sie uns einen Kompass leihen?
D. Wir haben kein Trinkwasser mehr.

10. Der Eigentümer eines kleinen, sehr alten Hauses, das wie ein Schloß aussieht, bemerkt, daß eine Mauer bald umfallen wird. Er möchte das Gebäude gut erhalten und sagt zu einem Bauarbeiter:
A. Wir müssen diese Mauer abstützen.
B. Wir müssen diese Mauer umstoßen.
C. Sie müssen das Schloß an meiner Tür reparieren.
D. Mein Haus ist in tadellosem Zustand.

Die folgenden Bemerkungen sind unvollständig. Sie finden Punkte, wo etwas fehlt. Sie müssen entscheiden, welches Wort oder welcher Ausdruck von den vier Vorschlägen am besten paßt.

11. „Ich bin in großer Eile. Bitte arbeiten Sie . . .
A. langsamer."
B. schneller."
C. ruhiger."
D. sorgfältiger."

12. „Seit heute morgen hat dieser Junge nichts gegessen. Er hat sein Butterbrot verloren."
„Er muß sehr . . . sein."
A. klug
B. fleißig
C. hungrig
D. faul

13. Der Ball vom kleinen Peter rollt auf die Straße. Das Kind läuft ihm nach. Ein Auto kommt. Der Fahrer muß . . .

A. schnell halten.
B. mit dem Ball spielen.
C. dem Kind nachlaufen.
D. einsteigen.

14. Plötzlich geht das Licht aus. Die Mutter sagt: „Ich muß die Birne . . .
A. essen.“
B. auswechseln.“
C. brechen.“
D. pflücken.“

15. „Der Junge wohnt im Waisenhaus.“
„Ja, seine Eltern sind . . .
A. intelligent.“
B. dumm.“
C. reich.“
D. tot.“

16. „Es tut mir leid. Ich kann nicht schneller fahren. Dieser Lastwagen vor uns fährt so langsam.“
„Dann müssen wir ihn eben . . .
A. überraschen.“
B. überholen.“
C. überfahren.“
D. übernehmen.“

ZWEITER TEIL

Lesen Sie die folgenden Texte sorgfältig. Nach jedem Text finden Sie mehrere Fragen oder unvollständige Bemerkungen. In jedem Fall müssen Sie von den vier Vorschlägen die Antwort oder Fortsetzung heraussuchen, die dem Text nach am besten paßt.

Lesen Sie das ganze Stück, bevor Sie mit den Antworten beginnen!

A. Das junge Mädchen und der Berufsberater

(*Ein Berufsberater ist jemand, der jungen Leuten hilft, den richtigen Beruf zu finden*)

MÄDCHEN: Guten Morgen!

BERUFSBERATER: Guten Morgen! Bitte, nehmen Sie Platz. Haben Sie schon an einen bestimmten Beruf gedacht?

MÄDCHEN: Mein Lehrer hat mir geraten, Buchhändlerin zu werden.

BERUFSBERATER: Sind Sie in der Schule gut in Deutsch?

MÄDCHEN: Oh ja, ich habe die Note „sehr gut" und ich lese sehr gern. Was macht eine Buchhändlerin?

BERUFSBERATER: Sie verkauft Bücher, die die Kunden verlangen.

MÄDCHEN: Aber ich will nicht einfach nur verkaufen und Geld einnehmen.

BERUFSBERATER: Das ist auch nur ein sehr kleiner Teil Ihrer Arbeit. Sie müssen die Kunden beraten können. Nehmen wir an, jemand kommt mit dem Wunsch, ein Buch über die Olympischen Spiele zu kaufen.

MÄDCHEN: Und ich müßte dann wissen, was für Bücher es darüber gibt.

BERUFSBERATER: Um Leute mit verschiedenen Interessen beraten zu können, müssen Sie viel lesen und lernen.

MÄDCHEN: Wieviel verdient eine Buchhändlerin?

BERUFSBERATER: Während der ersten drei Jahre lernen Sie die Arbeit kennen und verdienen etwa 200 Mark pro Monat.

MÄDCHEN: Und wenn ich dann später eine richtige Buchhändlerin bin?

BERUFSBERATER: Wenn Sie sehr gut arbeiten, bis zu etwa 1 200 Mark im Monat.

17. Was bietet der Berufsberater dem Mädchen an?
    A. Ein Buch.
    B. Einen Stuhl.
    C. Die Stelle einer Buchhalterin.
    D. Eine Lehrstelle.

18. Warum muß eine Buchhändlerin viel lesen und lernen?
    A. Um Kunden beraten zu können.
    B. Um eine Bibliothek zu haben.
    C. Um gute Noten zu haben.
    D. Um an den Olympischen Spielen teilzunehmen.

19. Als was muß sie in den ersten Jahren arbeiten?
    A. Als Lehrling.
    B. Als richtige Buchhändlerin.
    C. Als Kassiererin.
    D. Als einfache Verkäuferin.

20. Wann nur verdient eine Buchhändlerin 1 200 Mark?
    A. Wenn sie faul ist.
    B. Wenn sie klug und fleißig ist.
    C. Während der Lehrjahre.
    D. Ganz am Anfang.

B. Herr Baumert hat eine kranke Frau

„Hoffentlich hast du heute nicht nur schwierige Kunden, die viele Mäntel und Hüte anprobieren und dann nichts kaufen," sagte Frau Baumert zu ihrem Mann, als er sich morgens liebevoll von ihr verabschiedete. Seit drei Monaten lag sie nun schon krank im Bett.

Aber anstatt ins Geschäft zu gehen, saß Herr Baumert stundenlang ratlos auf einer Bank im Park. Die Enten, denen er früher immer Brot gegeben hatte, kamen jetzt vergebens zu ihm. Vor vier Wochen hatte er seine Stelle verloren, weil er im Geschäft Geld aus der Kasse genommen hatte, um für seine Frau teure Medikamente und ein paar Delikatessen zu kaufen. Eine andere Stelle konnte er in derselben Stadt nicht finden. Er wagte nicht, das alles seiner Frau zu erzählen, weil sie dann wegen der vielen Sorgen noch kranker werden würde. Und er hatte kein Geld mehr! Endlich entschloß er sich, bei einem Freund Hilfe zu suchen.

21. Frau Baumert wünschte ihrem Mann
    A. einen erfolgreichen Tag.
    B. einen schweren Tag.
    C. Kunden, die nichts einkaufen.
    D. Kunden, die viel anprobieren.

22. Er ging aber nicht ins Geschäft, sondern
    A. er ging in eine Bank.
    B. er saß gemütlich auf einer Bank.

C. er fütterte die Enten.
D. er überlegte, was er tun sollte.

23. Er hatte seine Stelle verloren,
A. weil er gestohlen hatte.
B. weil er Medikamente kaufte.
C. weil er Delikatessen kaufte.
D. weil er im Park saß.

24. Er konnte mit seiner Frau sein Problem nicht besprechen,
A. weil sie keine Stelle für ihn finden konnte.
B. weil er so viele Sorgen hatte.
C. weil es ein zu großer Schock für sie sein würde.
D. weil ein Freund ihm helfen würde.

C. Mozart

Der berühmte österreichische Komponist W. A. Mozart zeigte sehr früh sein Talent. Schon mit vier Jahren spielte er ausgezeichnet Klavier. Er saß dabei auf mehreren Kissen, weil kein Klavierstuhl hoch genug für den Kleinen war.

Mit etwa neun Jahren sollte er im Palast vor der Kaiserin Maria Theresia spielen. Als der kleine Junge über den spiegelglatten Fußboden ging, rutschte er plötzlich aus und fiel neben der Prinzessin Marie Antoinette hin. Diese half ihm sofort aufzustehen. Der junge Mozart dankte der schönen jungen Prinzessin höflich und sagte dazu: „Wenn ich erwachsen bin, heirate ich Sie."

25. Als Mozart noch ein wirklich kleiner Junge war,
A. war er sehr gut in Sport.
B. konnte man schon seine Begabung als Musiker erkennen.
C. hatte er einen sehr hohen Stuhl.
D. zeichnete er gut.

26. Im Palast der Kaiserin fiel der Junge,
A. als er an einem Spiegel vorbeiging.
B. weil der Boden hart war.
C. weil er die Schönheit der Prinzessin bewunderte.
D. weil sein Fuß ausglitt.

27. Als die Prinzessin Mozart geholfen hatte,
    A. sprach sie freundlich zu ihm.
    B. war sie sehr höflich.
    C. versprach er ihr etwas.
    D. wollte er bald Hochzeit feiern.

D. Der Bauernjunge

Auf der Landstraße ist ein großer Heuwagen umgekippt, und der Bauernjunge steht ratlos dabei. Ein anderer Bauer, der vorüberkommt, fordert ihn gutmütig auf, erst nach Hause zu kommen und Mittag zu essen, nachher soll er die Sache dann wieder in Ordnung bringen. Zögernd geht der Junge mit, aber das Essen macht ihm anscheinend keinen Spaß, er jammert bloß immer: „Dem Vater wird das gar nicht recht sein, daß ich den Haufen nicht gleich wieder aufgeladen habe."

„Dein Vater weiß es doch gar nicht, daß er umgekippt ist."

„Doch, er liegt ja drunter!"

28. Warum bleibt der Bauernjunge stehen?
    A. Weil er den Haufen Heu wieder aufladen sollte.
    B. Weil keine Ratten im Haufen zu sehen sind.
    C. Weil er schlafen will.
    D. Weil er nicht weiß, was er anfangen soll.

29. Was macht der andere Bauer?
    A. Er geht durch das Wasser.
    B. Er tritt über das Heu.
    C. Er lädt den Jungen zum Mittagessen ein.
    D. Er lädt das Heu wieder auf den Wagen.

30. Warum jammert der Junge noch?
    A. Weil sein Vater nicht weiß, daß das Heu auf der Landstraße liegt.
    B. Weil sein Vater sehr gut weiß, daß der Wagen umgekippt ist.
    C. Weil ihm das Mittagessen nicht schmeckt.
    D. Weil er zögert.

HÖREN UND VERSTEHEN

Test 3

ERSTER TEIL

In diesem Teil müssen Sie zuerst entscheiden, wer spricht.

1. A. Eine Mutter.
   B. Eine Frau ohne Kinder, die ihren Mann verloren hat.
   C. Eine reiche Frau.
   D. Die Frau eines kranken Mannes.

2. A. Ein Mann, der nicht einschlafen kann.
   B. Ein Schäfer, der seine Schafe zählt.
   C. Ein Schäfer, der bald seinen Arbeitstag beendet.
   D. Ein Mann, der gerade aufstehen muß.

3. A. Eine Ärztin.
   B. Eine Tanzlehrerin.
   C. Eine Gymnastiklehrerin.
   D. Eine Kindergärtnerin.

4. A. Der Besitzer eines Wäschegeschäftes und eine Kundin.
   B. Ein Bürochef zur Frau eines Angestellten.
   C. Ein Wäschereibesitzer und eine Kundin.
   D. Ein Reklamefachmann und eine Dame.

5. A. Ein Kohlenhändler und eine Kundin.
   B. Ein Gemüsehändler und eine Kundin.
   C. Ein Blumenhändler und eine Kundin.
   D. Ein Kellner und eine Kundin.

6. A. Ein Freund zu seiner Freundin.
   B. Ein Vater zu seinem Sohn.
   C. Ein Arzt zu einem Patienten.
   D. Ein Apotheker zu einem Kunden.

7. A. Eine Sekretärin und ihr Chef.
   B. Eine Angestellte im Fernmeldeamt und ein Anrufer.
   C. Eine Dame und ein Anrufer.
   D. Eine Dame und ein Besucher.

8. A. Ein Mann, der die Mülleimer leert.
   B. Ein Diener, der Schmidts Mülleimer füllt.
   C. Ein Freund, der Schmidts Keller sieht.
   D. Ein Gast, der am Tage vorher bei Schmidts zu einem Fest eingeladen war.

Und jetzt müssen Sie entscheiden, wo die Sprechenden sind.

9. A. Vor dem Schaufenster eines Fotogeschäftes.
   B. Vor einem Kino.
   C. Vor einem Theater.
   D. In einer Schauspielschule.

10. A. Im Theater.
    B. Im Konzert.
    C. Im Wohnzimmer.
    D. Im Vortragssaal.

11. A. Auf dem Bahnhof.
    B. Im Abteil.
    C. Im Autobus.
    D. In einem kleinen Dorf in der Nähe von Braunschweig.

12. A. In einer Bank.
    B. Im Restaurant.
    C. In einer Garage.
    D. Im Obstgarten.

Sie müssen jetzt entscheiden, was man in den geschilderten Situationen tut.

☮

13. A. Man lüftet ein Büro.
    B. Man fährt mit der Eisenbahn.
    C. Man putzt Fenster und Türen.
    D. Man zieht um.

14. A. Man verschließt eine Tür.
    B. Man geht aus.
    C. Man plant einen Raub.
    D. Man geht schlafen.

15. A. Man beobachtet ein Autorennen.
    B. Man läuft Schlittschuh.
    C. Man läuft Ski.
    D. Man beobachtet einen Mann, der ein Orchester dirigiert.

16. A. Man sucht etwas.
    B. Man macht eine Wanderung.
    C. Man folgt den Eltern.
    D. Man klettert über eine Mauer.

ZWEITER TEIL

In diesem Teil hören Sie einige Fragen oder Bemerkungen. Suchen Sie nach jedem Satz die Antwort heraus, die am besten paßt.

Hier ist eine Situation:

An einer Straßenkreuzung ist ein Unglück geschehen. Zwei Autos sind aufeinander gefahren. Ein Polizist fragt einen der Fahrer:

☮

17. A. Ich richte mich immer nach anderen Fahrzeugen.
    B. Ich komme aus Amerika.
    C. Ich bin von rechts gekommen.
    D. Ich stehe hier schon eine halbe Stunde.

18. A. Ich bin sehr langsam gefahren.
    B. Es ist sehr windig.
    C. Meine Uhr ist kaputt.
    D. Ich bin sofort verschwunden.

19. A. Zuerst habe ich nichts gesehen.
    B. Das andere Fahrzeug ist größer als meins.
    C. Hier kann man so schlecht sehen.
    D. Als ich fünf Meter von der Straßenkreuzung entfernt war.

20. A. Mein Auto hat sehr gute Bremsen.
    B. Unverzüglich habe ich das getan.
    C. Die Verkehrsampel war rot.
    D. Dann bin ich Auto-Stop gefahren.

21. A. Ich habe den Motor abgestellt.
    B. Ich habe das Auto zum Stehen gebracht.
    C. Der Wagen stand sofort still.
    D. Ich habe das andere Auto gesehen.

22. A. Nein, ich habe noch nie ein Gesetz verletzt
    B. Nein, ich bin ohne Verletzungen davongekommen.
    C. Gestern habe ich mich am Finger verletzt.
    D. Ich verletze nicht gern andere Leute.

DRITTER TEIL

In diesem dritten und letzten Teil hören Sie eine Geschichte und ein Gespräch. Zu dieser Geschichte und zu diesem Gespräch hören Sie vier Fragen. Sie werden die Geschichte, das Gespräch und die Fragen zweimal hören.

Sie hören zuerst die Geschichte **Gefährliche Fahrt**

23. A. Im Dammtorbahnhof.
    B. Zu Hause.

C. Am Hauptbahnhof.
D. In einem Auto.

24. A. Er fuhr ab, ohne zu überlegen.
B. Er wartete, bis die Straße leer war.
C. Er entschloß sich, ohne zu zögern.
D. Er betrachtete den jungen Mann eingehend.

25. A. Er fürchtete sich.
B. Er hatte eine Pistole und stahl.
C. Er faßte einen Entschluß.
D. Er war in Gefahr.

26. A. Er wollte die Aufmerksamkeit der Polizei auf sich lenken.
B. Er wollte mit der Polizei in Schwierigkeiten geraten.
C. Er wollte sehr schnell zum Bahnhof kommen.
D. Der Mann war in Eile.

Und zuletzt ein Gespräch zwischen einer Mutter und ihrem Sohn, die zusammen den Dachboden aufräumen.

27. A. Seine Freunde haben ein Fahrrad.
B. Er will einen Kilometerzähler.
C. Er will seiner Mutter behilflich sein.
D. Er wohnt weit von der Schule und braucht dann nicht mit dem Bus zu fahren.

28. A. Ganz oben im Haus.
B. Auf dem Fußboden.
C. In der Ecke eines Zimmers im Erdgeschoß.
D. Auf dem Dach.

29. A. Nein, erst muß er Zeitungen verkaufen.
B. Erst muß er zu genug Geld kommen.
C. Ja, es ist noch genug Geld in der Familie.
D. Ja, er hat Briefmarken verkauft.

30. A. Eine einzelne Marke.
B. 12 Kreuzer.
C. Briefe, die der Urgroßvater geschrieben hat.
D. Briefe, die der Urgroßvater erhalten hat.

LESEN UND VERSTEHEN

Test 3

ERSTER TEIL

Die folgenden Bemerkungen sind unvollständig. Sie finden Punkte, wo etwas fehlt. Sie müssen entscheiden, welches Wort oder welcher Ausdruck von den vier Vorschlägen am besten paßt.

1. „Dort steht unser Zug auf dem anderen Bahnsteig. Aber wir dürfen nicht über die Geleise gehen. Wir müssen . . .
   A. mit dem anderen Zug fahren."
   B. Zeitungen mitnehmen."
   C. über die Brücke gehen."
   D. leise treten."

2. „Aber alles ist so trocken!"
   „Ja, hier in der Wüste regnet es . . .
   A. oft."
   B. immer."
   C. selten."
   D. viel."

3. „Dieser Junge ist sehr faul."
   „Das ist wahr. Er arbeitet . . .
   A. gut."
   B. gern."
   C. fleißig."
   D. ungern."

4. „Susanne ist ein hübsches Mädchen. Sie sieht ganz wie ihre Mutter aus."
   „Ja, die beiden sind sehr . . .

A. ähnlich."
B. häßlich."
C. vorsichtig."
D. kurzsichtig."

5. „Das war die letzte Geschichte."
„. . . ! Sie waren so interessant! Ich möchte noch mehr hören."
A. Schade!
B. Gut!
C. Gott sei Dank!
D. Endlich!

6. „Ach, was kann ich nur tun? Weil mein Mann jede Nacht schnarcht, kann ich nicht . . .
A. Klavier spielen."
B. schlafen."
C. genug essen."
D. einem Polizisten ins Gesicht sehen."

In jeder der nun folgenden Fragen lesen Sie einen kurzen Bericht über eine Situation. Suchen Sie die Bemerkung heraus, die in der gegebenen Situation am besten paßt.

7. Ein Jungengymnasium feiert sein Sportfest. Endlich soll der Hundertmeterlauf beginnen. Der Starter ruft:
A. Alle Jungen müssen jetzt das Feld verlassen!
B. Achtung, fertig, los!
C. Ihr müßt so schnell laufen, wie ihr könnt!
D. Das Fest beginnt gleich!

8. Klein Angelikas Nase ‚läuft'. Ihre Mutter sagt zu ihr:
A. Wo ist dein Taschentuch? Gebrauche es.
B. Laufe nicht weg!
C. Du mußt putzen.
D. Du hast Nasenbluten.

9. Es ist ein warmer, trockener Sommer. Zwei Jungen zelten in der Nähe eines Waldes. Plötzlich bemerkt einer von ihnen, daß der ganze Wald in Flammen steht. Er sagt:

A. Im Zelt habe ich eine Kanne Wasser.
B. Wir müssen die Feuerwehr anrufen.
C. Das Feuer macht das Wetter noch wärmer.
D. Wir müssen auf einen Baum klettern.

10. Im letzten Herbst hat Herr Karsten in seinem Notizkalender den Tag angekreuzt, an dem er begonnen hat, sein Haus zu heizen. Er blättert in seinem Kalender, weil er das Datum vergessen hat, und sagt zu seiner Frau:
A. Dein Gedächtnis wird immer schlechter.
B. Das Heizen ist ein schweres Kreuz.
C. War das nicht irgendwann im Oktober?
D. Für den Herbst habe ich darüber keine Notiz.

11. Emma arbeitet an einem Fließband in einer Näherei in der nächsten Stadt. Sie muß Ärmel in Hemden einsetzen. Sie erzählt ihrer Freundin über ihren Beruf:
A. Wir gebrauchen lange Bänder für die Ärmel.
B. Mein Arbeitstag ist sehr abwechslungsreich.
C. Ich arbeite den ganzen Tag ohne Unterbrechungen.
D. Meine Arbeit läßt mir viel Zeit zum Nachdenken.

12. Detlef hat versprochen, einen Artikel für die Schülerzeitung zu schreiben und weiß noch immer nicht worüber, weil ihm nichts einfällt. Er sagt zum Lehrer:
A. Können Sie noch ein paar Tage warten?
B. Warum erscheint die Zeitung nicht früher?
C. Ich habe immer genug Ideen.
D. Hier ist mein Artikel. Ich hoffe, er gefällt Ihnen.

13. Vier Jungen spielen Indianer. Helmut ist gefangen genommen worden und steht gefesselt an einem Baum. Dort soll er verhungern. Er sagt:
A. Ich esse sowieso wenig.
B. Meine Leute kommen gleich und erschießen euch.
C. Hoffentlich ist das Theaterstück bald zu Ende.
D. Diese Geschichte ist sehr spannend.

14. Ein Mädchen sitzt im Strandkorb und merkt, daß ein junger Mann sie durch ein Fernglas beobachtet. Es denkt:

A. Anscheinend sieht er sehr gern fern.
B. Der junge Mann führt ein Ferngespräch.
C. Der ist frech, aber offensichtlich gefalle ich ihm.
D. Ich habe kaum etwas in meinem Korb.

ZWEITER TEIL

Lesen Sie die folgenden Texte sorgfältig. Im Anschluß daran finden Sie mehrere Fragen oder unvollständige Bemerkungen. In jedem Fall müssen Sie von den vier Vorschlägen die Antwort oder Fortsetzung heraussuchen, die dem Text nach am besten paßt.

Lesen Sie den ganzen Text, bevor Sie mit den Antworten beginnen.

A. Wagenwaschen

FRAU: Paul, es ist schon spät. Du mußt den Wagen noch waschen!

MANN: Ja, ich mache es morgen. Ich gehe jetzt schlafen.

FRAU: Nein, morgen ist die Hochzeit der Tochter des Ratsherrn Kalkhoff. Du mußt einen guten Eindruck auf all die wichtigen, vornehmen Leute dort machen.

MANN: Ich weiß: Wenn etwa der Bürgermeister oder die reichen Leute ein Testament machen oder einen Prozeß führen wollen, werden sie mich vielleicht als Anwalt wählen.

FRAU: Ja, und jetzt hast du deine kostbare Zeit bei den Nachbarn verbracht.

MANN: Nein, ich war in der Garage und habe den Wagen auf Hochglanz gebracht. Ich wollte dich nur ein wenig necken.

FRAU: Das ist dir auch gelungen. Darf ich mir dein Werk einmal ansehen?

MANN: Sicherlich. Nimm einen Regenschirm mit, es regnet. (*Eine Weile später*) Sieh nur! Du lieber Gott!

FRAU: Donnerwetter! Unsere Katze sitzt auf dem Dach und überall auf der Haube sind schmutzige Stellen.

MANN: Das bedeutet noch eine Stunde Arbeit. Gott sei Dank, daß ich noch gar nicht schlafen gehen wollte.

15. Was ist der Mann beruflich?
    A. Er ist Pfarrer.
    B. Er ist Ratsherr.
    C. Er ist Autofahrer.
    D. Er ist Anwalt.

16. Warum ist die Hochzeit ein wichtiges Ereignis?
    A. Weil der Wagen glänzt.
    B. Weil der Bräutigam vornehm ist.
    C. Weil der Vater der Braut eine hohe gesellschaftliche Stellung hat.
    D. Weil Paul und Ilse eingeladen sind.

17. Was dachte Ilse?
    A. Daß Paul im nächsten Hause gewesen war.
    B. Daß Paul im Bett war.
    C. Daß Paul den Wagen geputzt hatte.
    D. Daß Paul einen Prozeß führen wollte.

18. Was tut der Mann gerne?
    A. Er scherzt gerne.
    B. Er schläft gerne.
    C. Er unterhält sich gern mit Nachbarn.
    D. Er putzt gern den Wagen.

19. Warum konnte der Mann nicht sofort zu Bett gehen?
    A. Weil die Katze auf dem Dach des Hauses war und er sie herunterholen mußte.
    B. Weil die Katze schmutzig war und er sie waschen mußte.
    C. Weil gerade ein Gewitter war.
    D. Weil sein Auto wieder schmutzig war und er es putzen mußte.

B. Die Fahrt ins Blaue

Fräulein Anna hatte in den 62 Jahren ihres Lebens nie eine Gelegenheit gehabt, aus ihrem Dorf herauszukommen, obwohl sie es sich so sehr wünschte. Lange Zeit sparte sie. Endlich fuhr sie für 14 Tage an einen Urlaubsort an der Ostsee. Ihr Zimmer hatte eine wunderbare Aussicht, das Essen war ausgezeichnet, die Ostsee herrlich, aber dennoch langweilte sie sich bald. Mit wem sollte sie ihre Freuden teilen?

Deshalb machte sie mit einem Bus eine ‚Fahrt ins Blaue', das ist eine Fahrt, bei der Weg und Ziel ein Geheimnis sein sollen und nur der Fahrer weiß, wohin man fährt. Plötzlich bemerkte Anna, daß man durch ihr eigenes Dorf fuhr! Erstaunt hörte sie die anderen Leute im Bus den Holzturm der kleinen Kirche, den dreieckigen Marktplatz und sogar ihr Häuschen mit den vielen Blumen vor den Fenstern bewundern. Am Ende ihres Urlaubs kehrte Anna zufrieden in ihr Dorf zurück und blieb dort für den Rest ihres Lebens.

20. In ihrem Leben bis jetzt
    A. wollte Anna nie verreisen.
    B. war sie nie spazierengegangen.
    C. hatte sie nie richtig einen Wunsch gehabt.
    D. hatte sie die ganze Zeit im Dorf verbringen müssen.

21. Dann fuhr sie aber an die Ostsee und
    A. fand alles wunderbar.
    B. hatte dort ein komisches Zimmer.
    C. war einsam.
    D. sprach vergnügt mit anderen Leuten.

22. Auf der Fahrt ins Blaue
    A. waren alle Leute erstaunt.
    B. wollten alle Leute in Annas Dorf fahren.
    C. wußte der Fahrer nicht, wohin sie fuhren.
    D. erlebte Anna eine Überraschung.

23. Die Leute bewunderten
    A. Anna.
    B. die Kirche aus Holz.
    C. die Form des Marktplatzes.
    D. ihre bunten Fensterscheiben.

24. Nach diesem Erlebnis
    A. fuhr Anna sofort in ihr Dorf zurück.
    B. starb sie.
    C. fand sie ihr Leben gut.
    D. verreiste sie noch oft.

C. Ein Tag des Kanzlers Adenauer

Adenauer übernahm das Amt des Bundeskanzlers mit 73 Jahren. Eine seiner Töchter sagte einmal, sie habe ihn kaum frischer, elastischer und mobiler gesehen als in den Jahren, in denen Sorge und Arbeit, Streit und Kampf in so hohem Maße mit seinem Amt verbunden waren.

Schon um 6 Uhr begann er gewöhnlich mit der Arbeit. Wenn andere Leute aufstehen, so um 7, dann hatte er schon einen Berg von Akten bearbeitet oder in aller Ruhe intensiv über ein politisches Problem nachgedacht. Gegen 7 Uhr kam oft die erste Post. Vorher hatte der Kanzler schon die Morgenzeitung gelesen. Nach dem Frühstück diktierte er wichtige Briefe oder Notizen, um dann gegen 8.30 Uhr ins Kanzlerpalais zu fahren. Dort begann er um 9 Uhr mit der Durchsicht der Post und eine nahezu endlos erscheinende Reihe von Besprechungen, Diktaten und Telefonaten. Das dauerte oft mit nur kleinen Unterbrechungen bis 19 Uhr. Nicht selten hielt er abends Reden und kehrte erst gegen 22.30 Uhr zu seinem Haus in Rhöndorf zurück.

25. Adenauer
    - A. berichtet über seine Tochter.
    - B. hat sich übernommen.
    - C. ist erst in hohem Alter Kanzler der Bundesrepublik geworden.
    - D. war 73 Jahre lang Bundeskanzler.

26. In den Jahren, als er Kanzler war,
    - A. hat er anderen Sorgen und Arbeit bereitet.
    - B. war er sehr gesund.
    - C. verbot er Kampf.
    - D. hatte er nicht viel zu tun.

27. Wenn andere Leute aufstehen,
    - A. war er schon fleißig gewesen.
    - B. hatte er Ruhe.
    - C. begann er auch seine Arbeit.
    - D. hatte er politische Probleme.

28. Nach dem Frühstück
    A. verließ er sofort das Haus.
    B. ging er sofort ins Kanzlerpalais.
    C. schrieb er selbst wichtige Briefe.
    D. kam eine Sekretärin zu ihm.

29. Im Bundeskanzlerpalais
    A. arbeitete er ohne Unterbrechungen.
    B. begann er die Arbeit des Tages.
    C. führte er unzählige Gespräche.
    D. hatte er hin und wieder Besprechungen.

30. Abends
    A. hielt er ab und zu Reden.
    B. hielt er oft Reden.
    C. hatte er oft mit einem Minister Verabredungen.
    D. fuhr er immer sogleich nach Rhöndorf zurück.

HÖREN UND VERSTEHEN

Test 4

ERSTER TEIL

In diesem Teil hören Sie eine kurze Bemerkung oder ein kurzes Gespräch.

Zuerst müssen Sie entscheiden, wer die Sprechenden sind.

1. A. Eine junge Frau und ihre Bekannte.
   B. Zwei Freundinnen.
   C. Eine Mutter und ihre Tochter.
   D. Eine Chefin und ihr Lehrling.

2. A. Eine Mutter und ihr Sohn, der einen Schnupfen hat.
   B. Eine Mutter und ihr Sohn, der beim Abwaschen hilft.
   C. Eine Mutter und ihr Sohn, der sich gerade gebadet hat.
   D. Eine Mutter und ihr Sohn, der den Tisch deckt.

3. A. Eine Hotelmanagerin und ein Gast.
   B. Eine Ärztin und eine Patientin.
   C. Eine Hausfrau und ihr neues Hausmädchen.
   D. Eine Mutter und ihre Tochter.

4. A. Ein Schüler und eine Schülerin.
   B. Ein Fachmann und eine Sekretärin.
   C. Ein junger Mann und seine Verlobte.
   D. Zwei Erdkundler in der Sahara.

5. A. Eine Verkäuferin in einem Textilladen.
   B. Eine Frau, die das Haus aufräumt.
   C. Eine Frau, die eine Einkaufsliste macht.
   D. Eine Frau, die eine Waschmaschine füllt.

6. A. Ein Jäger.
   B. Ein Junge, der Indianer spielt.
   C. Ein Mann von der Feuerwehr.
   D. Ein Mann, der früher Soldat war.

7. A. Eine Mieterin und ein Hauseigentümer.
   B. Eine Hauseigentümerin und ein Bauunternehmer.
   C. Eine Hauseigentümerin und ein Handwerker.
   D. Eine Mieterin und ihr Mann.

8. A. Ein Zeitungsherausgeber und ein freier Mitarbeiter.
   B. Ein Zeitungsherausgeber und ein Angestellter.
   C. Ein Politiker und ein Geschichtsforscher.
   D. Ein Mann im Funkhaus und ein Mitarbeiter.

Und jetzt müssen Sie entscheiden, wo die Sprechenden sind.

9. A. In der Schule.
   B. Im Büro.
   C. Im Schreibwarengeschäft.
   D. Beim Stenographenverein.

10. A. In der Garage.
    B. Im Lebensmittelgeschäft.
    C. Im Restaurant.
    D. In der Küche.

11. A. In einem Wald.
    B. Vor einer Buchhandlung.
    C. Vor einer alten Kirche.
    D. In einer Gemäldegalerie.

12. A. Beim Arzt in der Sprechstunde.
    B. In einer Apotheke.
    C. In einer Toilette.
    D. Im Krankenhaus.

13. A. In einer Universität.
    B. In einem Nachtclub.
    C. In einem Fernsehstudio.
    D. In einem Funkhaus.

Jetzt müssen Sie entscheiden, was die Sprechenden brauchen oder verlangen.

14. A. Eine Waschmaschine.
    B. Eine Kindergärtnerin.
    C. Geld.
    D. Eine Rechenmaschine.

15. A. Ein Messer.
    B. Einen Verband.
    C. Blutwurst.
    D. Handschuhe.

16. A. Eine Armbanduhr.
    B. Schlaftabletten.
    C. Einen Küchenherd.
    D. Einen Wecker.

17. A. Einen Regenschirm.
    B. Dachziegel.
    C. Einen Windfang.
    D. Einen Teppich.

ZWEITER TEIL

In diesem Teil hören Sie einige Fragen oder Bemerkungen. Suchen Sie nach jedem Satz die Antwort heraus, die am besten paßt.

Hier ist eine Situation:

Herr Achtermann will mit seiner Familie auf Urlaub fahren und bei dieser Gelegenheit seine ersten eigenen Photos machen. Er kauft eine Kamera und bittet den Verkäufer um Ratschläge für das Photographieren.

18. A. Dann drücken Sie Ihre Frau.
    B. Dann haben Sie den Knopf gekauft.
    C. Sie machen ein Bild.
    D. Sie sind auf Urlaub.

19. A. Gerne, stellen Sie sich neben mich.
    B. Ich lege Ihnen hier zwei verschiedene Filme vor.
    C. Ich lege den Film hier auf den Tisch.
    D. Sie müssen aufpassen, daß Sie den Film nicht verlieren.

20. A. Gar nicht.
    B. Sie brauchen ein Blitzlicht.
    C. Sie brauchen eine Dunkelkammer.
    D. Immer, wenn Sie wollen.

21. A. Dann bekommen Sie ein unscharfes Photo.
    B. Die Leute, die Sie photographieren, stehen dann still.
    C. Sie müssen noch einmal photographieren.
    D. Sie müssen in keinem Fall die Hand vor die Blende halten.

DRITTER TEIL

In diesem dritten und letzten Teil hören Sie ein Gespräch und eine Geschichte. Zu diesem Gespräch und zu dieser Geschichte hören Sie mehrere Fragen. Sie werden die Geschichte, das Gespräch und die Fragen zweimal hören.

Sie hören zuerst ein Gespräch zwischen einem Jungen, Thomas, und einem Mädchen, Katharina, das ihre Ferien in den Alpen verbringt.

22. A. Ihr Vater hat sich schon entschlossen zu heiraten.
    B. Ihr Vater denkt an eine zweite Ehe.
    C. Ihr Vater will sie nie mehr sehen.
    D. Ihr Vater will keinen Lärm um sich haben.

23. A. Sie ist schlank.
    B. Sie hat gefärbtes Haar.
    C. Sie ist häßlich.
    D. Sie fährt ein Auto.

24. A. Daß sie zu alt für den Vater ist.
    B. Daß sie arm ist.
    C. Daß sie sie gut genug kennt.
    D. Daß ihre Freundlichkeit nicht echt ist.

25. A. Daß sie übel ist.
    B. Daß Katharina warten sollte, bis sie sie besser kennt.
    C. Daß sie für Katharina sorgt.
    D. Daß sie sich mit Katharina beschäftigen sollte.

Und jetzt hören Sie eine Geschichte: **Der Besuch der Tante.**

26. A. Während der Schulferien.
    B. Wenn wir schlechter Laune waren.
    C. Nur am Weihnachts- und Ostertag.
    D. Nur zu allen traditionellen Festen.

27. A. Sie waren sehr schlechte Schüler.
    B. Sie waren mittelmäßige Schüler.
    C. Sie waren Schüler mit guten Schulzeugnissen.
    D. Sie waren ganz besondere Schüler.

28. A. Weil sie keinen Humor hatte.
    B. Weil sie dann beleidigt sein würde.
    C. Weil sie Lehrerin war.
    D. Weil sie ein unsympathischer Mensch war.

29. A. Die Mutter und die Tante sprachen lebhaft miteinander.
    B. Die Familie dachte an die Tante.
    C. Die Familie rannte weg.
    D. Die Mutter versuchte, die Tante auf etwas anderes aufmerksam zu machen.

30. A. Weil das Licht brannte.
    B. Weil sie Kerzen suchen mußte.
    C. Weil das Heft versteckt worden war.
    D. Weil sie das Heft nicht suchte.

LESEN UND VERSTEHEN

Test 4

ERSTER TEIL

In jeder der folgenden Fragen lesen Sie einen kurzen Bericht über eine Situation. Suchen Sie die Bemerkung heraus, die in der gegebenen Situation am besten paßt.

1. Herr Winter schläft. Ein Geräusch weckt ihn: Ein Dieb klettert gerade mit Hilfe einer Leiter durchs Fenster. Herr Winter sagt:
   A. Wir haben schon einen Fensterputzer.
   B. Machen Sie, daß Sie fortkommen.
   C. Kommen Sie herein, draußen ist es so kalt.
   D. Vielen Dank, daß Sie mir so schnell zu Hilfe kommen.

2. Der kleine Klaus soll Medizin einnehmen, die er haßt. Seine Mutter bringt ihm ein Glas mit der Medizin, und entfernt sich sofort, da sie dringend mit jemandem telephonieren muß. Hans sagt zu sich:
   A. Ich werde das Glas in den Blumentopf ausleeren, dann wird Mutter nichts merken.
   B. Ich werde das Glas zerbrechen, dann wird Mutter nichts merken.
   C. Ich frage mich nur, wer angerufen hat.
   D. Ich frage mich, was in diesem Glas ist.

3. Ein Hausierer kommt zu einem Bauernhof, um Waren zu verkaufen. An der Pforte ist ein Schild angebracht. Darauf steht: „Bissiger Hund." Der Hausierer denkt:
   A. Ich werde den Leuten einen Hund verkaufen.
   B. Es wird schon nicht so schlimm sein.
   C. Ich werde ihm die Pfote schütteln.

D. Der Hund hat schlechte Zähne.

4. Die kleine Hilde sagt zu ihrer Mutter: „Mir ist schlecht“. Die Mutter antwortet:
   A. Du unartiges Kind! Ich muß dich strafen.
   B. Du armes Kind! Ich muß dir Medizin geben.
   C. Du böses Kind! Was hast du nun gemacht?
   D. Du dummes Kind! Du mußt besser in der Schule aufpassen.

5. Eine Wespe sticht Herrn Sauermann in die Zunge, als er mit Freunden im Restaurant zu Mittag ißt. Er sagt:
   A. Wespen sind entzückend.
   B. Das schmeckt herrlich.
   C. Herr Ober, bringen Sie mir bitte noch eine Portion.
   D. Reichen Sie mir bitte Essig, das lindert den Schmerz.

6. Ein Obstbauer sagt zu einem gewissenhaften Angestellten: „Die Äpfel, die weit verschickt werden sollen, dürfen nicht von den Bäumen geschüttelt, sondern müssen sorgfältig gepflückt werden, damit sich keine Faulstellen bilden.“ Der Angestellte antwortet:
   A. Die Arbeit wird äußerst vorsichtig ausgeführt.
   B. Die Falläpfel werden sich schon halten.
   C. Gut, ich werde die Bäume schütteln.
   D. Der Versand des Obstes geht gut voran.

7. Am Ende einer schriftlichen Geschichtsprüfung hat Annegret versehentlich die Reinschrift anstatt ihrer Notizen zerrissen. Sie sagt zu ihrer Lehrerin:
   A. Geschichtlich ist das nicht wahr.
   B. Es lohnt sich immer, die Antworten abzuschreiben.
   C. Darf ich bitte meine Arbeit noch einmal abschreiben?
   D. Würden Sie mir bitte etwas Papier für Notizen geben?

8. Carola borgt von ihrer Freundin deren neueste Lieblingsschallplatte. Beide schwärmen für den Schlager darauf. Carola hat Pech: Sie zerkratzt die Platte, geht daraufhin zu ihrer Freundin zurück und sagt:
   A. Die Platte gefällt mir nicht.
   B. Warum hast du mir eine beschädigte Platte gegeben?

C. Natürlich werde ich dich entschädigen.
D. Leider konnte ich nicht mit diesem Schläger spielen.

9. Eine Schafherde wird an einem Feld vorbeigetrieben. Einige Tiere geraten außer Kontrolle und trampeln auf dem Feld herum. Der Junge, der auf die Herde aufpassen soll, denkt:
A. Das Feld ist schon vorbei.
B. Für Schafe sind Wiesen besser als Felder.
C. Das wird Ärger geben.
D. Ich muß dieses Gebiet kontrollieren.

10. Ein Kranker bekommt ein Heizkissen und beginnt endlich, wie es der Doktor will, zu schwitzen. Er hat nun Durst und sagt:
A. Ich bin jetzt hundertprozentig zufrieden.
B. Ich möchte eine Wärmeflasche.
C. Ich tue alles, wenn mir heiß ist.
D. Ich finde, dieses Schwitzen ist fast gefährlich.

11. Auf einem Marktplatz hat sich eine große Menschenmenge angesammelt, denn ein Lastwagen ist in das Schaufenster eines Gemüseladens gefahren. Ein Krankenwagen ist gerufen worden, und die Polizei sagt durch den Lautsprecher:
A. Machen Sie Platz für den Lastwagen.
B. Machen Sie Platz für die Sanitäter mit der Tragbahre.
C. Nachher können Sie die Reste des Geschäftes billig kaufen.
D. Wenn Sie nicht den Platz verlassen, müssen Sie leider alle in den Krankenwagen steigen.

12. Ein jüngeres Ehepaar macht einen Spaziergang, der sie an der Kirche vorbeiführt. Die beiden beobachten, wie der Glanz der Abendsonne die Spitze des Kirchturmes vergoldet. Der Mann sagt zu seiner Frau:
A. Die Kirche hat eine goldene Spitze.
B. Bald haben wir unsere goldene Hochzeit.
C. Ich bin so froh, daß wir jetzt zur Kirche gehen.
D. Sieh mal, wie herrlich der Turm aussieht.

ZWEITER TEIL

Lesen Sie die folgenden Texte sorgfältig. Im Anschluß daran finden Sie mehrere Fragen oder unvollständige Bemerkungen. In jedem Fall müssen Sie von den vier Vorschlägen die Antwort oder Fortsetzung heraussuchen, die dem Text nach am besten paßt.

Lesen Sie den ganzen Text, bevor Sie mit den Antworten beginnen.

A. Ein Interview

FRÄULEIN AHRENS: Ich komme wegen Ihrer Annonce im Hamburger Abendblatt.

ARBEITGEBER: Sie suchen eine Stellung als Sekretärin?

FRÄULEIN A.: Ja, ich suche solche Arbeit.

ARBEITGEBER: Wie schnell können Sie in Kurzschrift und mit der Schreibmaschine schreiben?

FRÄULEIN A.: Ich stenographiere 240 Silben in der Minute und schreibe 450 Buchstaben auf der Schreibmaschine pro Minute. Ich bin auch daran gewöhnt, nach Diktaphon zu schreiben.

ARBEITGEBER: Haben Sie Ihre Papiere hier?

FRÄULEIN A.: Hier sind mein letztes Zeugnis von der Schule, ein Diplom vom Stenographenverein und eine Referenz meines jetzigen Arbeitgebers.

ARBEITGEBER: Mm, . . . alles sehr gut. Wann könnten Sie bei uns anfangen?

FRÄULEIN A.: Nicht vor dem 1. Oktober, denn ich muß erst meinem Chef sagen, daß ich weggehe.

ARBEITGEBER: Wieviel Gehalt verlangen Sie?

FRÄULEIN A.: Im Augenblick bekomme ich 900 Mark bezahlt. Ich möchte mich natürlich bei einem Stellenwechsel verbessern und möchte 100 Mark bis 125 Mark mehr im Monat.

ARBEITGEBER: Ich biete Ihnen 100 Mark mehr und 26 Tage Urlaub im Jahr. Einverstanden?

FRÄULEIN A.: Ja, einverstanden.

13. Fräulein Ahrens will sich
    A. um eine Annonce bewerben.
    B. um Geld bewerben.

C. um einen Arbeitgeber bewerben.
D. um eine Stellung als Sekretärin bewerben.

14. Fräulein Ahrens ist sehr tüchtig,
A. denn sie kann so schnell schreiben, wie man spricht.
B. denn sie kann eine Minute lang tippen.
C. denn sie kann jeden Tag schreiben.
D. denn sie kann sich an ein Diktiergerät gewöhnen.

15. Der jetzige Arbeitgeber hat Fräulein Ahrens
A. einen Zettel gegeben.
B. ein Stenogramm gegeben.
C. einen Empfehlungsbrief gegeben.
D. aus dem Büro weggeschickt.

16. Fräulein Ahrens will bei einer neuen Firma arbeiten,
A. denn sie will mehr verdienen.
B. denn sie will 900 Mark im Monat verdienen.
C. denn sie will mehr Urlaub.
D. denn sie möchte ihre Fehler berichtigen.

B. Friedrich der Große in Potsdam

Friedrich der Große von Preußen lebte im achtzehnten Jahrhundert. Er bewunderte die französische Kultur außerordentlich und sprach mit seinen Hofleuten nur Französisch. Deshalb findet man noch heute viele französische Wörter in der deutschen Sprache.

Nahe bei Potsdam, in der Nähe von Berlin, ließ Friedrich einen Palast bauen, dem er den französischen Namen Sanssouci (das heißt „ohne Sorgen") gab. Diesen Namen ließ er mitten auf die Fassade schreiben. Man schrieb ihn jedoch mit einem Komma, „SANS, SOUCI", denn der König erklärte: „In der Hälfte links wohnen meine Gäste; die leben hier ohne Sorgen. Und ich wohne auf dieser Seite; als König trage ich die Sorgen für alle."

Als Friedrich seinen Schloßpark erweitern wollte, wurden alle Häuser in der geplanten Gegend gekauft und zerstört. Da stand aber auch eine Mühle, und ihr Besitzer wollte sie nicht verkaufen, weil sie alter Familienbesitz war. Da sagte der König streng zum Müller: „Weißt du, daß ich deine Mühle nehmen kann, ohne zu bezahlen?" „Das wäre möglich, wenn wir keine Richter in Berlin hätten," antwortete der andere ruhig. Diese kühne Antwort gefiel dem gerechten König, und der Müller behielt seine Mühle.

17. Friedrich der Große
    A. war ein französischer König.
    B. beeinflußte die französische Kultur.
    C. ließ in Berlin einen Palast bauen.
    D. sprach am liebsten Französisch.

18. Der Name des Palastes
    A. stand auf der Fassade.
    B. war in richtigem Französisch geschrieben.
    C. bedeutet, daß der König ohne Sorgen lebte.
    D. bedeutet, daß die Gäste Sorgen hatten.

19. Der Müller
    A. verkaufte dem König seine Mühle freiwillig.
    B. verlangte einen hohen Preis für seine Mühle.
    C. ließ seine Mühle zerstören.
    D. hatte seine Mühle von seinem Vater geerbt.

20. Als der Müller dem König seine Antwort gab,
    A. war der König zornig, weil der Müller ihm nicht gehorchen wollte.
    B. war der König zufrieden, weil man Vertrauen in die Gerechtigkeit seiner Richter setzte.
    C. hatte der Müller Angst, weil er mit dem großen König sprach.
    D. hatte der Müller Angst, weil er wußte, daß er seine Mühle aufgeben mußte.

C. Das Kissen

Die englische Familie Black hatte die achtzehnjährige deutsche Studentin Trudi Klein eingeladen, ihre Sommerferien bei ihnen zu verbringen. Der einzige Sohn, Tom, sollte mehr Deutsch lernen, da seine Firma exportieren wollte. Trudi sollte zwei Stunden am Tag Deutsch mit Tom sprechen. Den

Rest der Zeit durfte sie Englisch lernen. Sie wollte später englischen Unterricht geben.

Tom segelte sehr gern und bald nach Trudis Ankunft ging er mit ihr und seiner Mutter segeln. Das war für Trudi ein neues und unangenehmes Erlebnis. Als Tom „wenden" rief, schlug das Segel zur anderen Seite des Bootes und drohte, an Trudis Kopf zu stoßen. Schließlich setzte sich das Mädchen auf den harten Boden. Tom, der bemerkte, daß sie unbequem saß, wollte ihr ein Kissen geben. Aber er versprach sich und fragte aus Versehen: „Möchten Sie einen Kuß?" Trudi, die gleich verstand, was er meinte, und ihn nicht in Verlegenheit bringen wollte, antwortete lächelnd: „Ja, bitte schön," und nahm das Kissen. Toms Mutter hatte aber alles gehört. „Ein so unverschämtes Mädchen will ich nicht behalten," dachte sie. Zwei Tage später reiste die schuldlose Trudi wieder nach Deutschland.

21. Warum sollte Trudi mit Tom Deutsch sprechen?
    A. Weil Tom Unterricht geben wollte.
    B. Weil Trudi exportieren wollte.
    C. Weil Tom für sein Geschäft Deutsch brauchte.
    D. Weil Tom gern segelte.

22. Was hoffte Trudi?
    A. Sie hoffte, nur zwei Stunden am Tag Englisch zu sprechen.
    B. Sie hoffte, Sprachlehrerin zu werden.
    C. Sie hoffte, daß Tom sie küssen würde.
    D. Sie hoffte zu exportieren.

23. Wie erging es Trudi im Segelboot?
    A. Gut, weil sie oft gesegelt hatte.
    B. Gut, weil sie gern segelte.
    C. Schlecht, weil Tom drohte, ihr an den Kopf zu schlagen.
    D. Schlecht, weil sie sich vor dem Segel fürchtete.

24. Warum fragte Tom: „Möchten Sie einen Kuß?"
    A. Weil er nicht sehr gut Deutsch sprach.
    B. Weil er Trudi küssen wollte.
    C. Weil er seine Mutter küssen wollte.
    D. Weil er unbequem saß.

25. Was dachte Trudi, als Tom sich versprach?
A. Sie dachte, daß er sie küssen wollte.
B. Sie dachte, daß er nur freundlich sein wollte.
C. Sie dachte, daß er ihr drohte.
D. Sie dachte, daß er ein Kissen brauchte.

26. Was dachte die Mutter, als Trudi, „Ja, bitte schön," sagte?
A. Sie dachte, daß Trudi unverschämt war.
B. Sie sagte, daß Trudi unverschämt war.
C. Sie verstand, daß Trudi taktvoll war.
D. Sie dachte, daß Trudi unschuldig war.

D. Hugo spielt Toto

Mein Freund Hugo ist seit langem begeisterter Fußballfreund. Natürlich spielt er auch im Toto. Aufs genaueste berechnet er dabei die Aussichten aller Fußballmannschaften. Jedesmal aufs neue seines Erfolges sicher, ist er am Sonntagabend bitter enttäuscht, wenn er wieder mal nicht das Richtige getroffen hat. Seine Frau versucht gelegentlich, ihn lächerlich zu machen, und fragt, ob er mit Zeit und Geld nichts Vernünftigeres anzufangen wisse. Doch es bleibt alles beim alten; denn Hugo glaubt fest daran, daß er gewinnen wird.

Eines Tages sind wirklich alle seine 12 Tips richtig. Hugo ist unendlich glücklich. In Gedanken hat er schon prächtige Pläne fertig. Er lädt seine Freunde zu sich ein und feiert bis in die späte Nacht. Wie groß ist aber seine Enttäuschung am nächsten Morgen, als er erfährt, daß es diesmal nur 217 Mark im ersten Rang gibt. Unbeschreiblich deprimiert ist er und möchte am liebsten eine Zeitlang verschwinden, um seine Bekannten nicht mehr sehen zu müssen, die über ihn lachen.

(Nach Arens-Straube: *Die Sprach- und Rechtschreibschule*, S. 37)

27. Freund Hugo
A. interessierte sich neulich einmal für Fußball.
B. versucht, den Erfolg der Fußballer im voraus zu kalkulieren.
C. spielt selbst Fußball.
D. spielt schlecht Fußball, denn er schießt keine Tore.

28. Seine Frau
    A. findet seine Leidenschaft dumm.
    B. versucht gelegentlich, ihn zum Lächeln zu bringen.
    C. versucht, mit ihm zu wetten.
    D. macht sich lächerlich.

29. Als Hugo weiß, daß er 12 richtige Tips hat,
    A. macht er Zukunftspläne für seine Freunde.
    B. ist er sehr großzügig gegenüber seinen Freunden.
    C. erzählt er allen Leuten von seinen Plänen.
    D. feiert er die ganze Nacht.

30. Hugo möchte am liebsten eine Zeitlang verschwinden,
    A. weil ein Freund von ihm sehr bedrückt ist.
    B. weil alle seine 12 Tips richtig sind.
    C. weil er zu viel Wein getrunken hat.
    D. weil alle seine Hoffnungen dahin sind.

HÖREN UND VERSTEHEN

Test 5

ERSTER TEIL

In diesem Teil müssen Sie zuerst entscheiden, wer spricht.

⊗

1. A. Ein Autoliebhaber und seine Freundin.
   B. Ein Autohändler und seine Freundin.
   C. Ein junger Mann, der ungewöhnliche Dinge sammelt, und seine Freundin.
   D. Ein Barbesitzer und seine Angestellte.

2. A. Zwei gute Freundinnen.
   B. Eine Mutter und eine Psychologin.
   C. Zwei Frauen, von denen nur eine Probleme hat.
   D. Zwei Frauen, die sich zufällig getroffen haben.

3. A. Ein Autohändler und ein Käufer.
   B. Ein Versicherungsagent und ein Kunde.
   C. Ein Autoverleiher und ein ihm unbekannter Mann.
   D. Ein Autoverleiher und ein alter Kunde.

4. A. Eine Mutter und ein Psychologe.
   B. Eine Mutter, die ins Theater gehen will, und ein Erziehungsberater.
   C. Eine Mutter und ein Mann, der Hosen schick findet.
   D. Eine Mutter, die eine neue Hose kaufen will, und ein Verkäufer.

5. A. Eine Spaziergängerin und ein Soldat.
   B. Ein zehnjähriges Mädchen und ihr Vater.

C. Ein zennjähriges Mädchen und ein alter Mann.
D. Ein kleines Mädchen und ein Freund ihres Vaters.

6. A. Eine Touristin und der Leiter eines Reisebüros.
B. Eine Frau, die umziehen muß, und der Leiter einer Speditionsfirma.
C. Eine Touristin und ein Angestellter einer Schiffahrtsgesellschaft.
D. Eine Reisende und ein türkischer Seemann.

7. A. Der Vorsitzende eines Dramaclubs.
B. Der Vorsitzende eines Feuerwehrvereins.
C. Der Chef einer Fabrik.
D. Der Direktor eines Flughafens.

8. A. Ein Onkel und ein kleiner Junge.
B. Ein Onkel und der Vater eines älteren Jungen.
C. Ein Onkel und ein sehr junger Vater.
D. Ein Onkel und ein Geburtstagskind.

Und jetzt müssen Sie entscheiden, wo die Sprechenden sind.

9. A. In der Musikstunde.
B. Im Musikgeschäft.
C. Im Konzert.
D. In der Schule.

10. A. Im Juwelierladen.
B. Auf einer Modenschau.
C. Auf einer Party.
D. In einem Geschäft für Stoffe.

11. A. In der Anzeigenannahme des Werbefunks.
B. In der Anzeigenannahme einer Wochenzeitung.
C. In der Anzeigenannahme einer großen Tageszeitung.
D. In der Anzeigenannahme einer lokalen Zeitung.

12. A. Vor einem Gasthof.
    B. Vor einer Hütte in den Bergen.
    C. Vor einem zum Verkauf stehenden Haus.
    D. Vor einem Wasserwerk.

Jetzt hören Sie fünf Fragen. Diesmal aber hören Sie auch die Antworten und lesen sie nicht. Sie hören die Fragen und Antworten zweimal.

ZWEITER TEIL

In diesem Teil hören Sie einige Fragen oder Bemerkungen. Suchen Sie nach jedem Satz die Antwort heraus, die am besten paßt.

Hier ist eine Situation:

Fräulein Lilo Ruge ist 25 Jahre alt, hübsch, klug, charmant, nicht arm. Sie hat noch nicht den richtigen Mann fürs Leben gefunden. Deswegen geht sie zu einem Büro, wo man versucht, bei der Partnerwahl behilflich zu sein. Damit man den richtigen Mann für Lilo finden kann, fragt die Dame in dem Büro:

18. A. Ich interessiere mich nicht für Politik.
    B. Ich helfe armen Leuten und bin nicht geizig.
    C. Ich gehöre zur oberen Mittelschicht.
    D. Das kommt auf den Beruf an.

19. A. Ich habe ein Haus und 10.000 Mark.
    B. Ich habe keine Möbel.
    C. Ich kann alles.
    D. Ich gebe alles meiner Nichte, wenn ich heirate.

20. A. Pferde sind nicht mein Geschmack.
    B. Ich stecke tief in Schulden.
    C. Ich reite und schwimme gern.
    D. Die Beschreibung von Pferden ist sehr schwer.

21. A. Ich gratuliere Ihnen!
    B. Natürlich suche ich einen gebildeten Herrn.
    C. Ich habe ein Diplom in Haushaltsführung.
    D. Fragen Sie mich, was Sie wollen.

DRITTER TEIL

In diesem dritten und letzten Teil hören Sie eine Geschichte und ein Gespräch. Zu dieser Geschichte und zu diesem Gespräch hören Sie mehrere Fragen. Sie werden die Geschichte und das Gespräch zweimal hören.

Sie hören zuerst eine Geschichte: **Harmloser Spaß.**

22. A. Es war nur ein billiger Ring darin.
    B. Die Mutter hatte es ihnen nicht zweimal gesagt.
    C. Die Mutter erlaubte es nicht.
    D. Es war nicht viel wert.

23. A. Sie versteckten es im Vorgarten.
    B. Sie befestigten daran einen Faden.
    C. Sie legten sich damit auf den Bürgersteig.
    D. Sie legten es hinter die Sträucher.

24. A. Das Mädchen hob das Täschchen auf.
    B. Die Jungen zogen das Täschchen weg.
    C. Das Mädchen rutschte aus.
    D. Das Mädchen machte den Jungen Angst.

25. A. Sie wollten Spaß haben.
    B. Sie hatten es gerne, wenn die Leute mit ihnen schimpften.
    C. Sie fanden das Spiel gefährlich.
    D. Sie wollten die Leute froh machen.

Und zuletzt hören Sie ein Gespräch zwischen einem Mädchen und ihrem Onkel.

26. A. Sie möchte böse Tiere sehen.
    B. Sie möchte im Wald spazierengehen.
    C. Sie möchte das Leben im Wald besser kennenlernen.
    D. Sie möchte mit dem Onkel auf die Jagd gehen.

27. A. Sie trauen den Menschen nicht.
    B. Sie jagen die Menschen.
    C. Sie versichern sich.
    D. Sie sind stark.

28. A. Die Tiere kennen keine Gummistiefel.
    B. Die Tiere können die Menschen in dunkler Kleidung besser erkennen.
    C. Sie will dem Onkel zur Last fallen.
    D. Sie will ohne Geräusch gehen können.

29. A. Weil Ramsel im Wald ist.
    B. Weil die Tiere eine gute Nase haben.
    C. Weil sie mit dem Wind gehen müssen.
    D. Weil die Tiere sich nach dem Wind richten.

30. A. Sehr früh am Morgen.
    B. Im Hochsommer.
    C. Im Winter.
    D. Am Nachmittag.

LESEN UND VERSTEHEN

Test 5

ERSTER TEIL

In jeder der folgenden Fragen lesen Sie einen kurzen Bericht über eine Situation. Suchen Sie die Bemerkung heraus, die in der gegebenen Situation am besten paßt.

1. Ilse hat ihre Französischhausarbeit von ihrer ziemlich dummen Freundin abgeschrieben. Nachdem die Lehrerin die Hefte korrigiert hat, sagt sie zu Ilse:
   A. Die Ähnlichkeit der Fehler kann nicht Zufall sein.
   B. Ich gratuliere, eine ausgezeichnete Arbeit.
   C. Es freut mich, daß du so gern Französisch lernst.
   D. Es freut mich, daß ihr so gute Freundinnen seid.

2. Herr Diekmann liegt am Sonntagnachmittag im Liegestuhl in seinem Garten und will seinen Mittagsschlaf halten. Da beginnt sein Nachbar seinen Schallplattenspieler laut spielen zu lassen. Herr Diekmann ist wütend und
   A. schläft weiter.
   B. schimpft laut.
   C. pfeift die Melodie fröhlich mit.
   D. trägt seinen Liegestuhl in den Garten des Nachbarn.

3. Mitten in der Lateinstunde fällt die Lehrerin ohnmächtig hin. Eine Schülerin sagt zu ihrer Freundin:
   A. Sie mag mich nicht.
   B. Laß uns schnell erste Hilfe leisten.
   C. Wir müssen ihr schnell unsere Lateinhefte geben.
   D. Sie kann jetzt tun und lassen, was sie will.

4. In einem Wald werden bei Frostwetter Bäume gefällt, das Holz wird dann sorgfältig aufeinander gepackt. Der Förster sagt:
   A. Bei dem Wetter fallen die Bäume von alleine.
   B. Die Leute aus dem Dorf können das hier in ihren Ofen stecken.
   C. Diese Holzhaufen sehen unordentlich aus.
   D. Dieses Jahr fällen wir weniger Holz als voriges Jahr.

5. Ein Bruder und eine Schwester haben zusammen entschieden, was sie den Eltern zu Weihnachten schenken wollen. Der Junge sagt dazu:
   A. Wir müssen überlegen, was wir den Eltern schenken wollen.
   B. Ich sage dir nicht, was ich den Eltern gebe.
   C. Dieses Jahr haben wir eine gute Wahl getroffen.
   D. Hoffentlich schenken uns die Eltern, was wir ausgewählt haben.

6. Ein Mann sagt zu seiner Frau: „Meine Uhr ist stehengeblieben". Die Frau antwortet:
   A. Zieh sie doch auf!
   B. Zieh dich doch um.
   C. Dann können wir nicht weitergehen.
   D. Sie geht immer vor.

7. In einem vornehmen Bürogebäude befinden sich teure kupferne Aschenbecher neben den Lifttüren. Jedoch, sie scheinen zu schön zu sein, niemand hat den Mut, etwas hineinzutun. Zigarettenasche, Papier usw. liegen auf dem Boden.

   Ein Besucher denkt:
   A. Hätte ich doch meinen Aschenbecher mitgebracht.
   B. Warum hat man nur ein Bürogebäude aus Kupfer?
   C. Nein, so etwas Schönes kann man nicht schmutzig machen.
   D. Die Aschenbecher werden hier oft geleert.

8. Im Funkhaus wird eine Tonbandaufmahme von Liedern gemacht. Der Tontechniker stellt fest, daß die drei letzten

Noten des Liedes „Heidenröslein" auf dem Band nicht gut klingen. Er sagt:
A. Das Ende müssen wir neu aufnehmen.
B. Die Rose hat das Band zerkratzt.
C. Gleich wird es auf dem Tonband klingeln.
D. Als Tontechniker muß ich gut singen können.

9. Eine Schwalbe ist im Frühling aus dem Süden zu uns in den Norden zurückgekehrt und beginnt, ein Nest an unserem Haus auszubessern. Unser Vater beobachtet sie dabei und sagt:
A. Das Nest ist ohne weiteres bezugsfertig.
B. Sie muß im Winter sehr gefroren haben.
C. Ob sie im Süden auch wohl eine so schöne Wohnung hatte?
D. Sie macht einen hübschen Neubau.

10. Ein Vater unterhält sich mit seinem Sohn, der eine Per-Anhalterfahrt gemacht hat. Er fragt ihn:
A. Hast du auch gelegentlich Leute mitgenommen?
B. Wie hast du die Busverbindungen gefunden?
C. Wo hast du am längsten warten müssen?
D. Wie war das Auto, mit dem du immer gefahren bist?

11. Eine Schulklasse lernt, daß vor vielen tausend Jahren manche Völker versuchten, aus dem Flug der Vögel die Zukunft zu prophezeien. Die Schüler fragen dazu:
A. Könnten Sie uns ein Horoskop aufstellen?
B. Fliegen alle Vögel in den Süden?
C. Wie lange kann ein Vogel leben?
D. Beobachtete man dazu bestimmte Vögel?

12. Zwei Freunde stehen abends an einem Fluß. Er glänzt im Dunkeln. Lichter spiegeln sich in ihm. Er sieht nicht mehr schmutzig aus sondern silbrig schwarz. Einer der Freunde bemerkt:
A. Der Fluß muß heute gereinigt worden sein.
B. Diese Laternen, die in dem Fluß stehen, sehen hübsch aus.
C. Bei Tag sieht der Fluß ganz anders aus.
D. Die meisten Fische haben eine silbrige Farbe.

ZWEITER TEIL

Lesen Sie die folgenden Texte sorgfältig. Im Anschluß daran finden Sie mehrere Fragen oder unvollständige Bemerkungen. In jedem Fall müssen Sie von den vier Vorschlägen die Antwort oder Fortsetzung heraussuchen, die dem Text nach am besten paßt.

Lesen Sie das ganze Stück, bevor Sie mit den Antworten beginnen!

A. Friedrich M.

Mit 18 Jahren hatte Friedrich M. einen Mord begangen und wurde vor kurzer Zeit, nach zwanzig Jahren, freigelassen. Ein Journalist hatte versprochen, ihm in seinem neuen Leben zu helfen.

Im letzten Halbjahr seiner Gefängnisstrafe studierte Friedrich M. mit Hilfe von Fortbildungskursen mit unglaublichem Eifer, um Versäumtes nachzuholen.

Am Tage nach seiner Entlassung traf ihn der Journalist zum Kauf von Friedrichs erster Männerkleidung in seinem fast vierzigjährigen Leben! Friedrichs Geschmack war veraltet, er hatte keine Ahnung von seiner Hemd-, Anzug- und Hutgröße. Die vielen Autos, die Verkehrsampeln und Rolltreppen erfüllten ihn mit Unsicherheit. Dinge, an die wir gewöhnt sind, wurden für ihn zum Problem. Im Restaurant zögerte er z.B., mit Messer und Gabel zu essen; im Gefängnis hatte es nur Löffel gegeben.

Viele seiner Ängste hat er inzwischen verloren. Seine Arbeitskollegen kennen seine Vergangenheit nicht und behandeln ihn freundlich. Nur der Chef weiß, was geschehen ist.

13. Friedrich M.
    - A. hatte vor 18 Jahren einen Menschen getötet.
    - B. büßte 20 Jahre lang sein Verbrechen.
    - C. sprach oft mit einem Journalisten.
    - D. konnte einem Journalisten helfen.

14. Im letzten Halbjahr
    - A. erhielt er eine Strafe.
    - B. machte er alles wieder gut.

C. lernte er fleißig.
D. schrieb er einen Fortbildungskursus.

15. Beim Einkaufen zeigte sich,
A. daß er nicht wußte, was modern ist.
B. daß der Journalist sich Kleidung kaufte.
C. daß Friedrich 38 Jahre älter geworden war.
D. daß seine Hemd-, Anzug- und Hutgröße sich nicht geändert hatte.

16. Ein besonderes Problem war für ihn
A. der Verkehr auf der Straße.
B. der Bau einer Rolltreppe.
C. Dinge, an die er gewöhnt war.
D. das Essen mit einem Löffel.

17. Auf seinem jetzigen Arbeitsplatz kommt er gut voran, denn
A. die anderen wissen, was er getan hat.
B. er fürchtet alle Menschen.
C. er ist freundlich.
D. er konnte einen ganz neuen Anfang machen.

B. Richard Löwenherz

Der englische König Richard Löwenherz kämpfte im Heiligen Land. Auf der Rückfahrt nach England geriet er in einen Sturm und er mußte sein Schiff verlassen. Als Kaufmann verkleidet zog er zu Fuß durch Österreich bis vor die Tore Wiens. In der Nähe von dem Dorf Erdberg machte er für kurze Zeit Station und befahl seinem Diener, in dem Dorf Lebensmittel zu kaufen. Die fremden Goldstücke, mit denen dieser die Rechnung bezahlte, erregten Verdacht. Herzog Leopold V., den man davon unterrichtete, ließ den König gefangennehmen. Als Gefangener saß Löwenherz lange Zeit in einer Burg, bis er von Blondel gefunden wurde. Dieser treue Sänger hatte gehört, daß sein König irgendwo in Österreich war. Suchend wanderte er von Burg zu Burg und sang überall Richards Lieblingslied. Eines Tages stimmte die ihm so bekannte Stimme des Königs ein. Freudig eilte Blondel mit der Nachricht nach England, und endlich wurde Richard gegen ein Lösegeld freigelassen.

18. Auf dem Rückweg nach England ging Richard zu Fuß durch Osterreich,
    A. weil er eine Verabredung mit einem Kaufmann hatte.
    B. weil er mit dem Schiff nicht weiterfahren konnte.
    C. weil er Wien besichtigen wollte.
    D. weil er Kleider kaufte.

19. Auf seinem Weg durch Österreich
    A. aß er Obst.
    B. zog er auch durch Wien.
    C. lag er auf einem Berg.
    D. machte er unweit von einem Dorf halt.

20. Der Diener ging in die Stadt,
    A. weil er verdächtig war.
    B. weil er genug österreichisches Geld hatte, um viel zu kaufen.
    C. weil der König ihn schlug.
    D. weil Richard Nahrung wollte.

21. Richard wurde gefangengenommen,
    A. weil seine Goldstücke ihn verrieten.
    B. weil der Herzog englischen Unterricht wollte.
    C. weil der Herzog ihm ein Lösegeld geben wollte.
    D. weil sein Diener nicht genug Geld in der Stadt bezahlt hatte.

22. Als Richard Blondel hörte,
    A. erkannte er, daß Blondel nicht falsch sang.
    B. sang er mit.
    C. gab er Blondel Lösegeld.
    D. eilte er sofort nach England.

C. Die beste Empfehlung

Ein bekanntes Geschäftshaus hatte eine Stelle für einen fünfzehnjährigen Jungen. Zwanzig Jungen wollten den Posten erhalten. Die Firma lud sie ein, zu einer bestimmten Stunde ins Büro zu kommen. Alle waren pünktlich. Die meisten hatten Briefe mitgebracht, in denen Gutes über sie stand. Ein Junge hatte sogar fünf solche Briefe als Empfehlung. Kaum waren die Jungen eingetreten, als der Direktor, der die Entscheidung selbst treffen wollte, einen von ihnen auswählte, die anderen aber fortschickte.

„Wie kamst du dazu," fragte ein Freund den Direktor, „gerade diesen Jungen zu nehmen, der keine einzige Empfehlung besaß?"

„Er hatte sogar sehr viele. Er vergaß nicht, die Füße abzuputzen, ehe er eintrat. Auch nahm er, ohne zu zögern, seine Mütze ab und nannte seinen Namen, ohne daß man ihn danach fragen mußte. Schließlich hob er einen Zettel auf, den ich auf den Boden gelegt hatte, statt wie alle anderen daran vorbeizugehen. Nennst du das alles keine Empfehlung?"

(Nach Arens-Straube, *Die Sprach- und Rechtschreibschule*, S. 21)

23. Zwanzig Jungen
    A. wollten einen Posten.
    B. hatten Briefe geschrieben.
    C. arbeiteten im Büro.
    D. waren im Geschäftshaus bekannt.

24. Der Direktor
    A. entschied selbst, ohne die Empfehlungsbriefe zu lesen.
    B. las sorgfältig alle Empfehlungsbriefe.
    C. wählte niemanden.
    D. verließ das Büro mit den anderen.

25. Er wählte den Jungen,
    A. weil er den besten Empfehlungsbrief hatte.
    B. weil er das beste Benehmen hatte.
    C. weil er keinen Empfehlungsbrief besaß.
    D. weil er vergaß, die Schuhe abzuputzen.

26. Der Junge
    A. nannte seinen Namen, als er danach gefragt wurde.
    B. ging an den anderen vorbei.
    C. behielt seine Mütze auf.
    D. hob ein Stück Papier vom Boden auf.

D. Die Großstadt und die Natur

Unsere Großstädte wachsen unaufhörlich. Fabriken, Häuser und Straßen werden da aneinandergereiht, wo vorher Wiesen, Felder und Wälder lagen. Die Großstadt mit ihren zahllosen Gebäuden und dem nie ruhenden Verkehr scheint ein Feind der Natur zu sein. Aber die Natur findet einen Beschützer im Menschen. Er hat verstanden, wie wichtig es ist, die letzten Reste der Natur in dem Häusermeer zu erhalten. Sorgfältig und mit großem Geldeinsatz pflegt man vorhandene Parks und plant sie beim Bau von neuen Stadtteilen. Aber auch viele einzelne Bürger helfen. An erstaunlich vielen Häusern sieht man Blumenkästen und Blumentöpfe auf Balkonen und Fensterbänken. Das gibt der Stadt ein freundlicheres Aussehen.

27. Die Großstadt scheint ein Feind der Natur zu sein,
    A. denn man zählt ihre Gebäude.
    B. denn auf den Straßen ist am Sonntag wenig Verkehr.
    C. denn man findet da keinen Frieden.
    D. denn sie breitet sich immer mehr ins Grüne aus.

28. Wenn man nichts unternähme,
    A. würde die Natur den Menschen beschützen.
    B. hätte die Natur einen Feind: Wiesen, Felder, Wälder.
    C. würde die Natur Ruhe in den Verkehr bringen.
    D. verschwände die Natur in dem Meer aus Steinen.

29. Aber der Mensch
    A. versteht, was hier zu tun ist.
    B. bekommt so viele Gebäude.
    C. hat Sorgen mit dem Ausgeben von Geld.
    D. plant auch Parkplätze in schon gebauten Stadtteilen.

30. Viele Städte sehen freundlich aus,
    A. weil alle Leute mitarbeiten.
    B. weil man da so überrascht ist.
    C. weil die Leute das Grau der Steinwände durch Pflanzen aufhellen.
    D. weil einige Familien Blumen im Hause haben.